嵐の日本へ来た
アメリカ女性

宣教師ベティ・フィウェルの軌跡

Elizabeth A. Whewell

石黒次夫・石黒イサク［著］

いのちのことば社

プロローグ

美濃ミッションは一九一八年十一月、アメリカ人宣教師である、セディ・リー・ワイドナーによって、岐阜県大垣市に独立の宣教団体として設立されました。

男尊女卑が根強く残る大正年間、極東の小さな地方都市で、独身のアメリカ人女性宣教師が開拓伝道をスタートさせたのは、とてもユニークな神様の御業であったと感じます。

しかも彼女たちは、本国のいずれの宣教団体にも属さない、独立の宣教師たちで、社会的にも、経済的にも、政治的にも、とても弱い存在でした。理解者・支援者は少なく、かえって妨害・障害は多く、差別・偏見・敵愾心《てきがいしん》などに晒されていたのですから、生活そのものが容易ではありませんでした。

また、創立者が神様から示された宣教の使命は、まだ福音の届けられていない人々に語り伝えてゆくという働きでしたから、さらに困難が増して、肉体的にも精神的にも過酷なもので、まさに命がけの戦いでした。

しかしこの働きは、無から有を創造され、無きが如き者たちを神の器として用いてくださる、全知全能の神様が、今も活きて働いておられることを証明するものでした。

彼女たちの生き様は、「主みことばを賜《たも》う。その佳音《おとずれ》をのぶる婦女《おんな》はおおくして、群れをなせり」（詩篇六八・一一）という聖書のみことばそのものです。

すでに約一世紀の時が流れ、その当時のようすのすべてを、現在の私たちが把握することはほぼ不可能になっています。時が経てば、関心事は他に移り、ますます記憶は薄れてしまいます。だからこそ今、この時代に生かされている私たちが、歴史の記録を整理し、先輩諸氏の伝承などを分析して記録に留めて、それらから大切なことがらを学び、今後の世代に確実に継承していきたいと願っています。

特に一九三〇年～三三年にかけて、美濃ミッションが経験した〝神社参拝拒否事件〟とその迫害・弾圧の記録は、キリスト教界はもちろん、日本社会の歴史としても、決して忘れてはならない重大な出来事です。

その当時の記録・資料などは、迫害・弾圧の時に、当局の意図的な没収・破壊によって失われたものや、戦時中の混乱などで紛失・消失したものが多く、現存しているものは稀少です。感謝なことに、美濃ミッションの私たちの手許には、その貴重な資料が多数現存しています。

それは人知を越える神様の特別な摂理の下に、太平洋戦争前に宣教師たちがアメリカに帰国する時に、日本から持ち出して保管し、戦後になって再びそれらを日本に持ち帰ってくることができたからです。本書に掲載する写真や資料などはその一部です。

本書の主人公であるフィウェル先生に、誕生時から孫のように可愛がっていただいた私は、成人して約八年間、先生の運転手を務めました。一九八六年には、先生の名代《みょうだい》として米国、カナダの支援教会や家族を訪問するという特権にあずかりました。また一九九〇年に先生が召天された時には、聖書学院在学中でしたが、神様の摂理によって日本にいて、葬式や書類の手続きなど、最後のお手伝いまでさせていただきました。

そして父とともに、このような形で貴重な歴史の記録と、先生方の生涯を活字にして残すことができる恵みを、心より感謝しています。

この度、美濃ミッション創立百周年に際し、創立者とその後の第二代、第三代の主管者たちの生涯と、その関係者たちについて、本書によって簡単に紹介させていただきます。

目次

第一章　セディのヴィジョンとステップ

美濃ミッション創立者の横顔

セディ５歳と妹

セディ・リー・ワイドナーは一八七五年三月三日、アメリカのオハイオ州で誕生しました。幼い時に両親と死別した彼女は、妹と共に、一番上のお姉さんのところに引き取られて、成長しました。母親代わりになったお姉さんは、美貌と聡明と信仰の三拍子そろった、希に見る女性でしたので、お金持ちや学者などの多くから求婚されましたが、そのすべてを断り、救い主であるイエス様に生涯を捧げて生きる、貧しい牧師と結婚していたのです。

その家庭での暮らしは、毎日の食事を食べるのがやっとというような貧しさでした。毎週土曜日になるとお姉さんは、一着しかないセディたちの服を洗濯し、日曜日にはアイロンをかけたキレイな服で礼拝に出るようにしていました。

しかし幼少の頃から、毎日聖書の話を聞き、お祈りを教えられた彼女は、小さいながらもハッキリとした信仰を持っていました。

十一歳になったある夜、お姉さんは寝る前の祈りの時間に、〝日本という国〟について話してお祈りをしました。「東洋にある日本という島国では、貧しい家庭は、少女たちを金で売って生活をしている……」と聞いたセディは、とても心を揺り動かされました。そして日本の可哀想な少女たちのことを思い、涙ながらに「神様、どうか私を日本に遣わして、その気の毒な人たちに、神様の愛と救いを伝えさせてください」と祈ったのです。その夜の祈りは、その後の彼女の学業と、生涯を決定づけるものとなりました。

彼女は小学校時代から成績優秀で、一八八九年に八年制のバルティモア市小学校を卒業した時には、オハイオ州内のどの高校でも、奨学金付き無試験で入学できる資格を与えられました。彼女はマウントイートン高校とベルビュー高校で学びました。高校在学中に特別教師として教えながら、数学とドイツ語の特別講義を受講して、卒業した時には小学校教諭免許を取得しました。さらに一年半ほどティフィン市にあるハイデルベルグ大学で学び、またイリノイ州シカゴ市のムーディ聖書学院でも短期神学科を受講しました。

その後約五年間、故郷のオハイオ州で小学校の教員として勤めました。その教え子の中には、後に美濃ミッションの宣教師として活躍した、エルマ・ミラーがいたのです。

初来日、宮城女学校時代

セディは、北アメリカ合衆国改革派教会の外国伝道局から派遣されて、一九〇〇年（明治三三年）六月十一日に横浜港に到着しました。その翌日の夕方に宮城女学校（一八八六年設置許可、現在仙台市青葉区にある宮城学院の前身）に教育宣教師として赴任しました。その時、彼女は二十五歳でしたが、すでにアメリカでも教壇に立った経験があり、着任当初から綿密な計画力と優れた指導力を発揮しました。

ズーフル校長は極めて責任感の強い人で、当時病床にありながらも仙台に留まり、校務を指導していました。彼女はセディの能力を見抜き、校務の引き継ぎを行って十二月に帰米しました。セディは来日後わずか半年で、女学校の臨時校長代理に就任したのです。

バイブル・ウーマン

「バイブル・ウーマン」は、直訳すれば「聖書婦人」ということになりますが、現在の女性伝道師に相当します。彼女たちはクリスチャン女性で、生活の大部分を用いて、聖書を教えたり、訪問をする伝道活動や、生活支援の職業指導や奉仕活動のために献身していた人たちです。「わが兄弟なる此等《これら》のいと小さき者の一人になしたるは、即ち我《われ》になしたるなり」（マタイ福音書二五・四〇）という聖書のみことばが、基本理念でした。

宮城女学校は、設立初期から聖書教育に力を入れていたため、在校生・卒業生の多くは、このバイブル・ウーマンになっていたのです。セディはこの人たちの活動を指導し、支援を要請して、さらにこの働きを推進しました。これらの人たちの中から、後年に美濃ミッションの創立と幼稚園の働きを支える、セディの助手たちが出てきたのです。

校舎全焼

翌年の三月八日、仙台地方が日照り続きで節水をしていた時に、井戸水を運んで久しぶりに沸かしたお風呂が原因で出火し、水不足のため校舎は全焼してしまいました。女学校は重要書類とオルガンと、わずかな図書と校具を運び出すことができただけで、その他のすべてを焼失してしまいました。しかし感謝なことに、学生・職員は全員無事でしたので、その夜には、感謝の祈禱会を開きました。

翌日から教職員全員で仙台市内を探しまわり、一週間ほどで仮校舎になる物件を借り受けることができました。そしてようやく一カ月後に、仮校舎で新学期の授業にこぎつけたセディは、自らも宣教師館を出て、生徒たちの近くに暮らすために、不便な仮校舎に引っ越しました。この間驚くべきことに、入学希望者が殺到し、入学者を半数ほどに制限しなければなりませんでした。

火災のために延期されてしまった卒業式を、東北学院の講堂を借りて一月遅れで行い、新年度の校務が軌道に乗った五月に、とうとうセディは健康を害してしまいます。

当時の彼女は、校舎再建の計画を遂行しながら、毎週十二時間の聖書と英語の授業を行い、学校の祈禱会と、市内数カ所の日曜学校と教会での指導も担当していましたので、心身ともに休息をとることもできず、疲労困憊してしまったのです。そのためしばらく静養をして、同僚のポーウェル先生に任務代行をしてもらいました。八月末には、ズーフル校長が再来日して職務に復帰し、彼女は校長代理の重責から解放されました。

セディの評判

セディは少女たちの躾や教育にはとても厳しく、その厳格な指導は徹底していました。

教え子たちは異口同音に、

「ワイドナー先生は、硬教育の本山であったような気がしました。」

「私たちが廊下を、バタバタと音を立てて走り回っていたりすると、〝それ大変イケナーイ〟とお叱りをいただいたものです。」

「日曜日の午後、皆が聖書を読んで静かにしている時に、騒いでいたら、そっと音を立てずに各部屋を廻り、お目玉を度々いただきました。」

「ワイドナー先生は美人で、学校教育と並んで、人格養成に力を注がれました。」

と思い出を書き記しています。

しかし同時に、

「寄宿舎で誰かが病気でもしますと、御自身でヒマシ油を持っていらして、よく病人の面倒を見てくださるという、温和な御方でした。」

「身体の弱い生徒や、気の毒な境遇にある教え子で、神の御力を必要とする人たちには、特別に意を篤くされました。」

「寄宿舎で病人がでますと、先生は非常にご心配なさいまして、病室の廊下に夜を徹して祈りつつ看病されることが常でした。」

とセディの恩情も称賛しています。

校舎再建計画

一九〇二年末には、焼失した校舎のあった従来の校地に隣接する土地を取得することができ、翌年の九月までには、まず寄宿舎の建造をするとともに、火災で傷んだ宣教師館などの重要施設の補修を完了する計画を立てました。このための施設設計の説明と、資金集めの作業でも、セディが中心的役割を果たし、国内外に広くアピールをしました。しかし、そのような大切な時に、宣教師たちの間に困った問題が起こってきたのです。

辞任騒動

不便な仮寄宿舎に生徒たちとともに住み込み、寝る間を惜しんで献身的に日本の少女たちの教育のために尽くしていた婦人宣教師たちでしたが、女子教育の経験の無い男性宣教師たちは、彼女たちの意見に耳を貸さずに、次々と現場を無視した計画を押しつけてくるようになったのです。彼女たちは何度も、少女たちのために必要な提案などをしていましたが、無視されたり、反対されたりして、とうとう婦人宣教師たちは疎外されて、勝手に方針が変更されるような事態になりました。

ついにズーフル校長、ポーウェル先生とセディの三人が、外国宣教局に辞任届を郵送するというところまで事態は深刻化してしまいました。やがて彼女たちの切実な訴えは、指導者たちの心を動かし、「彼女たちも、重要な会議・審議に加われるようにする」ということで反対派との折り合いを付け、辞任を思いとどまらせる努力をしました。

婦人宣教師たちは、彼らの説得を聞き入れ、辞任を思いとどまり、職務を継続しましたので、ついに予定どおりの期間で工事は完了しました。

その校舎はその後、一九四五年の仙台空襲の時まで第一校舎として使用されました。

慰問活動

宮城女学校では、一九〇四～〇五年の日露戦争による戦傷病兵が入院している市内の病院への定期的慰問を行っていました。セディとポーウェル先生が中心となり、毎週少なくとも一回の慰問をして、彼らにとても喜ばれました。内容は讃美歌を歌い、聖書のお話をするというもので、と

日露戦争傷病兵慰問　看護婦たちとセディ

くにクリスマスと復活節には、彼ら一人ひとりにプレゼントや花束を配ったりしていました。

セディの信念は、ただ女学生たちの教育や、社会的な慈善運動をするのではなく、どこにいても、誰に対しても、必ず救い主、主イエス・キリスト様の福音を伝えるという、宣教・伝道の姿勢で貫かれていました。

応援要請

ズーフル校長は、学校が繁栄し生徒が急増してきたため、外国伝道局に再三にわたって婦人宣教師の追加派遣を要請しますが、適任者がなかなか与えられませんでした。

セディたち女性宣教師は、少女たちのために、毎日教員としてだけではなく、まさに命を削って、母親として、友人として、医者・看護婦として、尽くしていたのです。

セディは一九〇七年一月七日、横浜よりアメリカへ向けて帰国の途につきました。長年の疲

日露戦争傷病兵慰問　クリスマス集会

労を癒やすために、彼女にとってようやく与えられた休暇でした。この休暇期間に、第四代目のミラー校長が着任していました。そして前校長や彼女たちの悲願であった婦人宣教師たちも二名、大歓迎を受けてその年の九月には仙台に到着したのです。

アメリカに戻ったセディは、静養に長い時間を費やしていたわけではありません。健康が回復するやいなや、ニューヨーク市のコロンビア大学において、学校制度と学校管理法の研鑽を深めていました。セディの後、ズーフル校長とポーウェル先生も相次いで帰国しましたので、外国宣教局は、東北地方各地で伝道をしていたヘンリー・ミラー宣教師に、宮城女学校の校長就任をお願いしました。やがてズーフル先生もポーウェル先生もともに退職されたので、校長の後任者を選ぶことになり、休暇中のセディに校長就任の依頼が届いたのです。

セディは一九〇九年の新年度から、第五代目の校長として就任することを了承しました。しかし予定どおりに事は運ばず、四月の新年度には渡航が間に合いませんでした。ようやく八月末になって横浜に到着し、九月一日に仙台に入り、十三日に正式に第五代校長に就任しました。その時までミラー先生が代理を務めてくださいました。

第５代校長ワイドナー

校章の制定

　セディが校長になってから、宮城女学校はさらに躍進し、大変革しました。まず、この頃に校章と校旗の図案が制定されたのです。当時、校長秘書を務めていた卒業生の一人は、その時を回想して、「……先生方が校長室に幾度となく出入りされ、協議が重ねられました。布地のえんじはミス・ハンセン、中央の王座をしめる聖書はミス・ワイドナー、平和の鳩は原田先生、これらを取り巻く〝みやぎ野萩〟は早坂先生、図案は原先生、……かくして校旗はみやぎのスピリットをとこしえまでも高くなびかせて、主の栄光を称え……」と書き記しています。この時も、「聖書を教育の中心にする」というセディの意志が表現されていました。

校長としての告辞

　一九一〇年四月、宮城女学校の第十八回卒業式において、セディ校長の挨拶は、次のようなものでした。

「……この五カ年の間、皆さんはこの学校で多くの便宜を受けておられました。これは即ち、皆さんに大きな責任がある事を含んでおります。まず第一に、皆さんは婦人として特別の責任があります。神は特に、世の中を美しく清くできる徳を、婦人にお授けになりました。家庭の女王としての役は無限です。……次に皆さんは自分の信仰、高き理想、眞理に対して忠実でなければなりません。……また皆さんは正しくなければなりません。『すべて人にせられんと思う事は、汝等《なんじら》また人にも其《そ》の如くせよ』とのキリストの金言を常に記憶して、自分の生涯にこれを表さなければなりません。……最も大切なる事は、常に依り頼む事を得る唯一の御方、イエス・キリストを何時でも覚えておることです。……キリストを愛し、キリストに忠義を尽くしてください。……主は貴女方を恵み、護り、平和をくださいますように、誠心より祈ります。」

セディのヴィジョン

宮城女学校の生徒の多くは、クリスチャンになっていましたので、毎週日曜日には、市内九カ所の日曜学校で教師として奉仕もしていました。セディの目標の一つは達成されました。しかし、当時のキリスト教・聖書教育を重視した専門学校のままでは、卒業生が官立（国公立）

に上級進学するためには資格試験が必要でした。

セディには、クリスチャンの卒業生が上級学校を卒業して公立学校の教員として赴任し、より多くの人たちに福音を伝えるという、さらに崇高な目標があったのです。それには宮城女学校が「高等女学校令」による認可を得ることが重要です。すでに卒業生たちの成績が高く評価され、宮城女学校の教育水準が公立高等女学校以上であることが証明され、文部省の認定基準も緩和されていました。

資格検定の認可

一九一〇年、宮城女学校は予科三年を廃止し（一九〇七年から尋常小学校が四年から六年制義務教育になったため）、セディは本科五年生の高等女学校になることを宮城県知事に申請し、認可を得ました。そして次に文部大臣に「専門学校入学者無試験検定願書」を申請しました。やがて文部省の視察団が学校を訪れ、その年の暮れには、翌年三月以降の卒業生の検定許可が下りたのです。

一九一一年、宮城女学校は開校二十五周年の記念式典を開くことになりました。セディは七月から準備に取りかかり、各方面の著名人たちの式典参加を取り付けました。この式典は十月二十二日の記念礼拝に始まり、二十七日の園遊会まで、連日盛大に行われました。

特に二十五日の記念祝賀式には、初代校長で当時コート博士夫人になっていたプールボー先生が創立者祝辞を、明治学院の井深梶之助総理と、女子学院の矢嶋楫《かじ》子院長が記念演説をしています。長谷場文部大臣、寺山宮城県知事、遠藤仙台市長、早川仙台市教育長、スカイラー米国代理大使なども、宣教師会・牧師会の代表たちとともに列席し、祝辞を述べています。このような行事などにも、セディの人脈と人徳が、色濃く表れていました。

各界の著名人が宮城女学校を訪れ、特別講演会などがたびたび開催されました。在日宣教師社団在仙宣教師による、大隈重信首相の招待会なども宮城女学校で行われました。また基督教女子青年会の活動も盛んになり、宮城女学生たちが全国的に知られるようになっていきました。

そして、かの有名な津田英学塾（現在の津田塾大学）の津田梅子塾長から、宮城女学校英語教員のために奨学金の提供があり、教員一名が一年間、津田英学塾研究科で研鑽を積むことができたのです。それは宮城女学校卒業生たちが、津田英学塾に進学して、優秀な成績を修めていたことに対する評価の表れでありました。

セディの決意、辞任と帰国

一九一二年には家政専攻科、一九一三年には英文専攻科の設置が始まり、女学校の運営は軌道に乗り、すべてが順調に進んでいるように見えていましたが、セディの心の中にはなにか物足らないものが増大していたのです。それは宣教師たちの中にも、リベラルな近代主義的思想を持った人たちが増えてきたことで、聖書を第一にした敬虔な生活と、伝道を重視する彼女のモットーが、教員・生徒たちの中に後退していったからでした。

当時の日本は、日露戦争の勝利から、さらに世界の列強に加わろうとする、富国強兵の風潮が強くなっていました。そしてその影響は、社会から校内にも及び、信仰中心よりも、道徳的根拠としてのキリスト教や、教養としてのキリスト教になりつつあったのです。

ついに彼女は「教育には限界がある。魂の救いのためには、伝道一筋でいかなければいけな

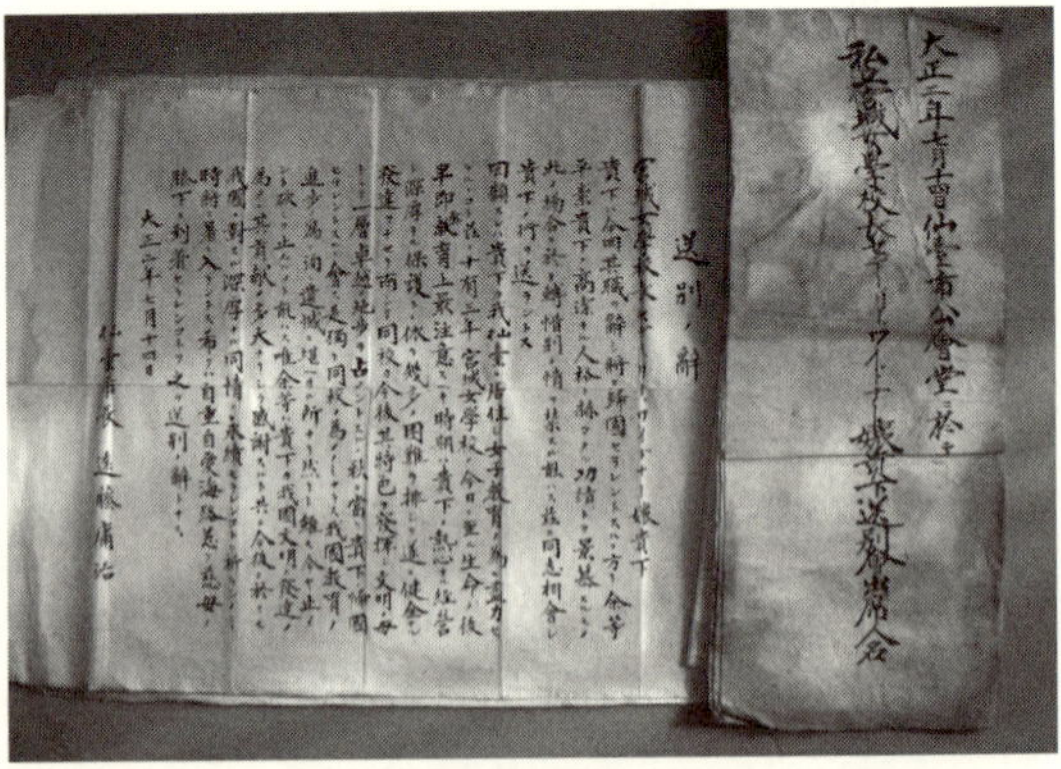

送別の辞

い」という決意をしました。そして一九一三年六月三十日、日曜日の礼拝直後に「七月十五日をもって自分は辞任・退職すること」を発表しました。

教員・生徒たちの動揺はとても大きいもので、急遽七月十四日にワイドナー先生の送別会が仙台の公会堂で催されることになりました。

十三年間にわたり、宮城女学校の創建期に尽力したワイドナー先生を惜しみ、教員・生徒たちだけではなく、キリスト教会、宣教師会、宮城県知事、仙台市長、教育関係者、県会議員、市会議員、報道機関にいたるまで大勢が集い、感謝の意を表しました。

セディは翌日、仙台駅で在校生全員の見送りを受けて、帰国の途につきました。

アメリカに戻った彼女は、日本での宣教経験をいろいろな教会や学校で証しするとともに、自らもホワイト博士の聖書大学で学び、約五年間かけて再来日と開拓伝道の準備をしました。

再来日、開拓伝道開始

「神の導きたもう所にて、神は必ず供給したもう」という信仰で、ついに一九一八年、セディは独立の宣教師として日本に戻って来ました。

現在でも独立の宣教師というのはほとんどありませんが、その当時、宣教団体の支援もなく、単身で異国へ出かけることは考えられないことでした。全知全能であり、生きて働かれる真の神様に絶対の信頼を置いていた彼女は、日本の人々を愛し、生命の危険や自らの生活苦を省みず、勇気を持ってこの信仰の道を選んだのです。彼女の母国で連絡係になってくださったのは、オハイオ州中部に住むハリー・スミス氏でした。その後、彼とその家族が、忠実に手紙を配信したり、支援者からの献金をまとめてセディに転送してくださいました。

支援者のハリー・スミス氏

セディはまず東京へ行って、当時のキリスト教界の指導者たちと会い、どこで伝道を始めるべきかという相談をしました。

「キリスト教の伝道が、日本で一番、困難な所はどこですか」と問いかける彼女に、異口同音に「たぶん岐阜県の西濃地方でしょう」という答えが返ってきました。それは、岐阜県は、もともと仏教王国と言われる上に、一八九一年に起こった濃尾大震災の被害の傷跡が大きく残り、農家の人たちは生活に困って、娘たちを遊郭に売ったりして生活をしているといううわさが伝えられていたからです。

「今までに多くの牧師たち、伝道師たちが伝道に出かけましたが、失敗して戻ってきてしまいました……」と言われて、即座にセディはこう言いました。「神様の導きはその場所です。私は岐阜県へ行きます。」

十一歳の時、「神様、私をその気の毒な少女たちの所へ遣わしてください」と涙ながらに神様に祈ったことが三十二年後に、ついに実現することになったのです。

内村鑑三氏たちが「ミス・ワイドナー、大垣はやめておきなさい。仙台より二十五年も遅れた土地ですから……」と止めようとしましたが、彼女の決意は固く、「主ヱホバわれを助けたまわん。この故に我《われ》、恥《はず》ることなかるべし。我わが面《かお》を石の如《ごと》くして、恥《はじ》しめらるることなきを知る」（イザヤ書五〇・七）のみことばを信じて、岐阜県の大垣に向かいました。

美濃ミッションの設立

一九一八年十一月、大垣に着いてみると、やはりキリスト教や外国人に対しての敵愾心や反発が強く、まず手始めに子どもたちへの伝道を試みました。

最初の日曜日、珍しさと興味で大勢の子どもたちが日曜学校に集まりましたので、順調な滑り出しを期待したところ、翌週には子どもたちが全然集会に来ませんでした。不思議に思ったセディは町に出てようすをうかがいました。時間がかなり経ってから、通りに子どもたちが出て来て遊びだしたので「なぜ日曜学校に来なかったのか」を問いただしたところ、「私たちは日曜学校に行った」と異口同音に答えるのです。それ

大垣開拓当時の日曜学校。当初から子ども伝道に力を入れた

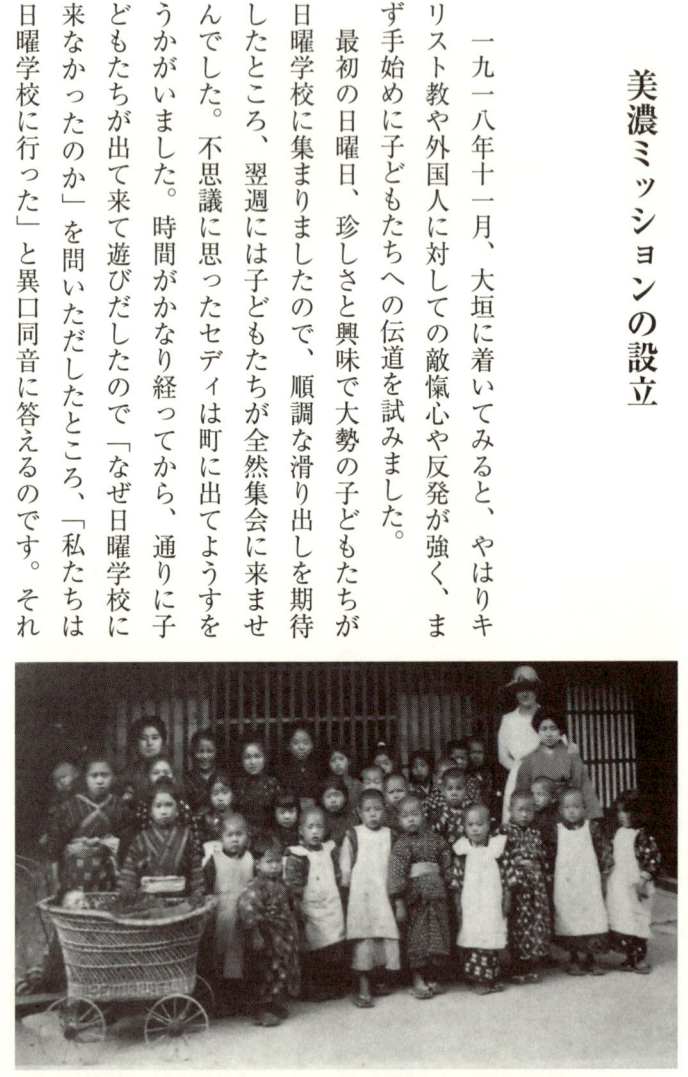

は危機感を憶えた仏教界が、翌週から急遽、自分たちも寺で日曜学校を開いて、子どもたちをキリスト教会に行かせないように、対抗したからでした。

セディは一度、教育界から身を引いたのですが、大垣において福音を伝えるためには、幼児教育を一つの伝道の道具として用いることにしました。翌一九一九年五月、岐阜県知事より認可を受けて「私立大垣基督教幼稚園」を開設しました。宮城女学校時代の教え子たちが、保母・保育士として従事し、その中からやがて伝道師となったり、牧師・伝道師と結婚したりする人たちも起こされました。

山白牧師夫妻、セディと養女とよ

さらに神学生時代から交流のあった山白令一牧師を招聘して、教会の働きをスタートさせました。山白先生は、パイオニアとして六年間ほどセディを助けてくれました。

一九二〇年五月、大垣市中心の郭町にある戸田伯爵所有の家老屋敷を借り受けることができて、宣教本部と幼稚園もすべて移転しました。セディはこの働きを後世の人たちが「ワイドナーミッション」と呼ばないように、「西濃ミッショ

上から、宣教本部を置いた大垣
市中心部の家老屋敷、大垣基督
教幼稚園卒園式での記念撮影、
路傍伝道、本部で教役者と家族

ン」としてスタートしました。〝西濃〟とは美濃地方の西部のことですが、やがて活動が美濃全域に拡大していきましたので、「美濃ミッション」と名乗るようになったのです。

セディは熱心に〝福音＝主イエス様による救いの道〟を伝えました。教会の集会だけではなく、山間部の不便な所まで人を派遣して、各地で天幕集会を開催したり、各家庭に聖書の抜粋や福音文書を配布して回りました。

また、鉄道の駅や、人通りの多いところには、聖書の言葉を大きく書いた看板を掲げたりしました。人生に失望した人や、悩み苦しむ人たちが、次々と救いを求めて教会を訪れるようになり、伝道所や教会も美濃地方各地に増えていきました。

働きが拡大するにつれて、働き人たちが必要になります。一時帰国して宣教報告をした時にも、山白先生とミス・ギレスビーたちが留守を守り、美濃ミッションを支えてくれました。

セディは、創造主である真の神様に絶対の信頼を持っていました。〝すべての必要は神様が与えてくださる〟と確信している信仰の人でしたので、いつも神様に祈りながら物事を進めていました。当時、汽車や自転車が便利な交通手段と言われた時代に、なんとアメリカ製の自動車や、ハーレー・ダビッドソンのサイドカー付きオートバイなどがアメリカの信者たちからプレゼントされ、遠方の伝道に用いていたのです。神様はいつも必要なものを十分に与えてくださいました。

クララ・ハッチとエルマ・ミラーの来日

エルマ・ミラーは一八九一年十一月二十三日、オハイオ州ベレヴューで誕生しました。温和な両親に育てられ、小学校に入った時に、ワイドナー先生の教え子の一人でした。エルマは幼少から音楽が得意で、特にピアノとオルガンは著名な先生方に師事してマスターしました。ベレヴュー高校を卒業してから、ハイデルベルグ大学に進み、その後シカゴのムーディ聖書学院で学び、一九二三年に卒業しました。

エルマ・ミラー

エルマは、進路について神様に祈り求めていましたが、一九二五年に「わがたましいよ黙してただ神を待て、そはわが望みは神より出づ……」（詩篇六二・五）という聖書のみことばを与えられました。やがて一時帰国中の恩師ワイドナー先生と再会した時、宣教師になって一緒に働くようにという招きを受けて、日本行きを決断しました。妹が亡くなったので一人娘になってしまいましたが、信仰篤い両親は娘の進路を神様に委ねて、祝福の祈りとともに出発の準備を手伝ってくれました。

翌一九二六年六月、コネチカット州ブルックリン出身のクララ・ハッチは、一、二年の予定でセディに同行して、美濃ミッションに出かけることになりました。彼女は旅費も滞在費も、すべて自分で捧げた真のボランティア・スタッフでした。セディは高齢であるクララの健康と、エルマと自分の旅費が与えられることを信じて祈っていましたが、出発までに必要以上のお金が届きました。

上＝日本へ向かう船上で
下＝クララ・ハッチ

九月二十一日、エルマとセディは、オハイオ州を汽車で発ち、翌日シカゴでクララと合流して汽車で西海岸に向かい、九月三十日カナダのバンクーヴァーから、日本に向かって出港しました。

十月に日本の土地を踏んだクララは、日本での印象を後に手紙に記しています。

「人間はどこにいてもみんな同じです。同じような楽しみも苦労も、喜びも悲しみもあります。しかし、罪が多ければさらに悲しみが多くなることは、まちがいのないことです。そのため日本では、自殺をする人が多いのではないでしょうか……」

彼女は日本語を話すことができませんでしたが、常にセディの傍にいて、いろいろな問題や悩みを持って、救いを求めて美濃ミッションに来る人たちのことを聞き、祈っていたからそのような記録をしたようです。偶像を拝んでいて、真の神様とその救いを知らない多くの人たちが、希望なく自殺していたことに心を傷めていたのです。

クララは、すでに当時としてはかなりの高齢になっていました。健康に少し不安がありましたが、約一年の日本滞在が守られ、祈り人として陰で美濃ミッションの働きを支えました。直接伝道に加わりませんでしたが、時には英語で聖書を教えたこともありました。セディは愛と尊敬を込めて「ミス・ハッチ」と呼び、ともにお祈りをしたり、クララにお祈りを頼んで伝道に出かけたりしていました。日本人の教役者たちや神学生、信徒たちも、尊敬を込めて「ハッチ先生」と呼んで慕っていました。

エリザベス・フィウェル来日

帰国直前に、クララは、「ミス・ワイドナー。私がアメリカへ帰ったら、何を送りましょうか。欲しい物を知らせてください」と尋ねました。するとその答えは、「私は伝道に専念したいのですが、手紙の返信と会計が私の時間を取ります。だから、タイプライターがよくできて、会計もできる人を送ってください。ちょうど私たちは、聖書学校を始めたので、聖書を教えることができる人をお願いします……」というものでした。

そこでクララは帰国後、祈りつつそのことを手紙に書いて、聖書学校などへ発信したのです。その一通がペンシルベニア州フィラデルフィアにある、フィラデルフィア聖書学校のアダムス先生のところに届きました。

その前夜、宣教大会で献身の心を固めて「主の御心の所へ遣わしてください」と祈ったベティ・フィウェルは、いつものように秘書の仕事をするためにアダムス先生の部屋へ入って、開口一番、昨夜の祈りと決心について話しました。静かに聞いておられた先生は、目の前の箱から一通の手紙を取りだし、「今朝、着いたこの手紙は、あなたのものだよ。開いてごらん」と言いながら手渡したのでした。

発信者のミス・ハッチ、住所はベティの生まれ故郷のコネチカット州。「私は一年間ミス・ワイドナーを助けるために日本におりました。中部日本の岐阜県大垣市です。私は老齢なので、日本語を習ったり話したりはできません。ただ日本での宣教上の諸問題のために祈りでミス・ワイドナーを支える働きをしました。帰国直前に必要なものをミス・ワイドナーに尋ねたところ……」

アダムス先生が「タイプが打てて、会計管理ができて、聖書教理を教えられる人。ちょうどあなたにピッタリじゃないか！　神は賜物を与え、それを用いる働き場へ導いてくださる。ベティ、あなたの働きの場所はここだね」と言われました。

昨夜の祈りと今朝の答え、時も場所もすべて神様が導いてくださっていることを示されて、ベティは心からの感謝を主に捧げ、アダムス先生の指導を受けて渡航準備をしたのです。

一九二八年、クララはベティの渡航費、すなわち米国大陸横断鉄道の汽車賃と、サンフランシスコ―横浜間の船賃の全額を負担して、美濃ミッションに送り出しました。

そのベティことエリザベス・フィウェルが、後にワイドナーの後継者となり、戦後の美濃ミッションを再建し、第二代主管者となって長く美濃ミッションを指導したのです。

ベティのパスポート

セディの活動

かねてから教育界、政界によく知られていたセディを慕って、いろいろと著名な学者やキリスト教界の指導者たちも大垣の美濃ミッションを訪れ、親交を持っていました。国学者として有名であった柳田国男氏などもその一人で、時々大垣の美濃ミッションに立ち寄り、聖書学校の生徒たちに、日本文学の臨時講義をしたそうです。また外国人宣教師は好きではないという救世軍の山室軍平中将も、「ミス・ワイドナーだけは特別である」と言って、よく大垣に来て、セディたちと交流をしていました。

前列＝教役者と講師たち、後列＝神学生たち

岐阜県はその昔、〝妓府〟というニックネームが付いたほど、売春婦の多いところでした。セディは幼少の頃伝え聞いたことが、現実の問題として、若い女性たちに重くのしかかっているのを目の当たりにしました。当時のキリスト教会では、救世軍による廃娼運動がよく知られています。しかし、遊郭に売られている女性たちを助

け出すのは、容易なことではありません。それらの組織の後ろには暴力団などがいるからです。

セディは、幾人かの元遊女を助け出し、婦人伝道師たちと一緒に生活させたり、遠くの学校や施設に連れて行って、就職や社会復帰ができるように、裁縫や料理などを身につけるようにしました。長い間遊郭で生活していた女性たちは、酒浸りになったり怠け癖が抜けない人たちもいて、救出してからも社会復帰の世話をするのに、いろいろな苦労をしました。

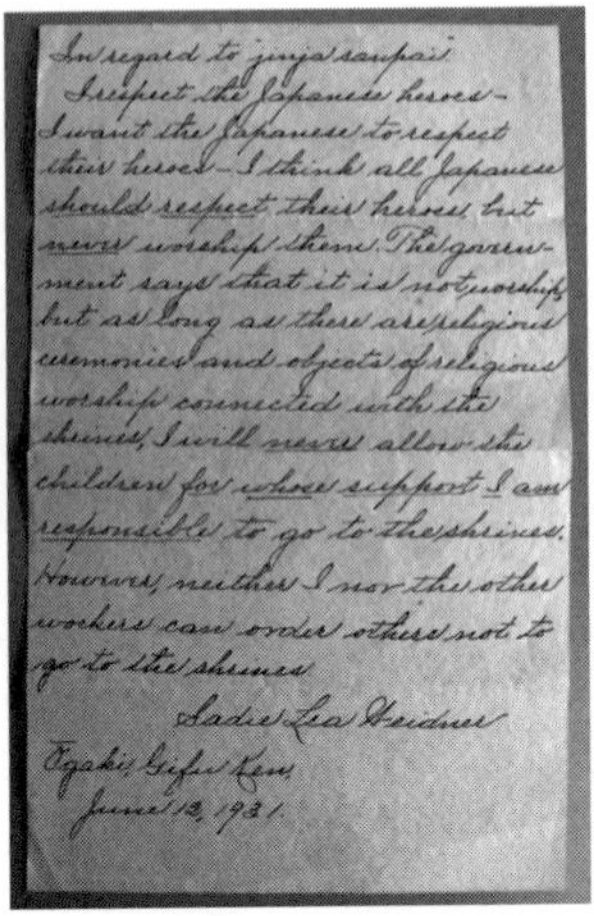
In regard to jinja sanpai
I respect the Japanese heroes -
I want the Japanese to respect
their heroes - I think all Japanese
should respect their heroes, but
never worship them. The govern-
ment says that it is not worship,
but as long as there are religious
ceremonies and objects of religious
worship connected with the
shrines, I will never allow the
children for whose support I am
responsible to go to the shrines.
However, neither I nor the other
workers can order others not to
go to the shrines.
Sadie Lea Weidner
Ogaki, Gifu Ken,
June 12, 1931.

神社参拝に対するセディ直筆の手紙（1931 年）

自分も薄幸な幼少時代を過ごしたセディは、また愛の人でした。関東大震災で孤児になってしまった少女を、自分の養女として引き取り世話をしていました。その養女の桑名とよが小学六年生の時、神社参拝拒否という問題が起こったのです。一九二九年のことです。

「個人の信仰の自由は、絶対に保証されなければならない」と言う彼女に対して、大垣の教育界も、政界も、市民を巻き込んで大反対をし、美濃ミッションに対する排撃運動をしました。

ジェーン・アッカース来日

メリー・ジェーン・アッカースは一九〇五年、アメリカ東部ペンシルベニア州フィラデルフィアで生まれました。ピアス・ビジネス・カレッジで二年間、専門学校で教育などを二年間学び、終了後は会社の事務員として一年、保険会社の計理士秘書として二年間勤めました。一九二三年、サンデイスクール・タイムズ社の主筆であるC・トランブル博士の秘書になってから、フィラデルフィア聖書学校の定時制で二年間聖書の学びをしました。

（トランブル博士夫人は、ワイドナー先生の親友であり、またフィラデルフィア聖書学校は、フィウェル先生の出身校でありました。）

ジェーン・アッカース

ジェーンは九年間、サンデイスクール・タイムズ社で働いた後、美濃ミッションの宣教師となるために一九三二年に渡日準備を始めました。セディはジェーン

のために、支援者たちに手紙を送り、援助要請をしました。そして、翌年の出発までに必要がすべて備えられ、日本に向けて出発しました。

一九三三年三月、再度小学生の伊勢神宮参拝拒否をめぐって問題が再燃し、今度は児童たちの退学と、美濃ミッションの幼稚園封鎖という弾圧を受けました。

連日、新聞各紙は誹謗中傷に満ちた記事を書いて民衆を煽り立て、美濃ミッション排撃運動が各地で繰り広げられました。その頃まで、毎週のように大垣の中心部で開いていた路上集会は、暴徒の乱入や投石などで妨害されました。

美濃ミッションに対する迫害は、ますます増大していきました。大変な迫害の嵐が吹き荒れていたその年の五月にジェーン・アッカースは、生まれて初めて日本の土地を踏んだのです。

迫害・弾圧の中で

美濃ミッションの敷地内にも、よく暴徒が入って来て暴れたり、排撃の歌を歌ったりするようになったので、「いつ焼き討ちに遭うかもわからないから、みんな非常持ち出し物を枕元に

中京讀賣

キリスト教の三兒童
神社參拜を拒否
文部省憤然 教會へ大彈壓
大垣市の不祥事件

聖書の神以外の
神は一切排撃
ワ女史、文部省へ怒鳴り込む

準備しておくように」とセディは同居者たちに指示していました。

セディや牧師たちは、よく警察や県庁、文部省にまで呼び出されて尋問されました。また、町中には美濃ミッション排撃ポスターが貼られ、排撃集会やワイドナー暗殺計画まであった中で、セディは平静に神様にすべてを任せて過ごしていました。

警察が集会中の讃美歌を禁止したとき、セディはその翌日、刑事たちに「昨日この家は、あたかも日本の天皇が亡くなったような雰囲気でした。過去に讃美歌禁止の要請があったのは、一九二六年に大正天皇が亡くなった時だけでしたから」と指摘したので、警官たちはその後二度と讃美歌を禁止しなくなったということもありました。

各新聞はこの事件を大々的に報道し、「クリスチャンであるが自分は神社参拝も宮城遙拝もする」という人の意見などを掲載したりして、美濃ミッションとワイドナーを批判しました。

ある日、〝美濃ミッション　聖書の神以外の神は一切排撃〟と書かれた新聞記事が掲載され、それを持ってがっかりしている牧師や神学生たちに、セディは喜びと確信に満ちた声でこう言ったのです。「みなさん！神様に感謝しましょう。私たちには日本全国にこのような広告を出すお金はありませんから。」たび重なる迫害や弾圧に耐えきれず、「我々日本人の、天皇や国家に対する思いは、外人のあなたにはわからない」と言って妥協しようとする人たちに、「あなたのその熱情を、あなたのために命を与えてくださったイエス様に対して持ってください」と勧めました。また、辞職して去っていく牧師を見送りながら、「彼の棺を見送るより辛い」と言って、セディは涙を流しました。

しかし、厳しい状況の中で、「そのような信仰を見習いたい」と願って、わざわざ美濃ミッションに参加してきた人々もあり、彼女は励まされたのでした。

美濃ミッションはその後、規模を少し縮めたものの、伝道を継続することができました。

セディの晩年

一九三五年、ベティ・フィウェルもエルマ・ミラーも休暇で帰米し、着任二年目のジェーンが後を引き継ぎました。その年はワイドナー先生の来日三十五周年のお祝いをしました（写真は104ページに掲載）。

翌年の夏、セディは膝の関節炎に罹り、痛みがひどくて歩行困難になりました。ジェーンは先生の介助をしながら会計や事務をこなすとともに、日本語も上達したので、子どもたちの路上集会にもよく出かけました。

若くて活発、陽気な性格のジェーンは、聖書学校の女生徒や教会へ集まってくる女性たちの中に溶け込み、身振り手振りを駆使しながら会話を楽しんでいました。時には時間を忘れて、若い女性たちと賑やかにおしゃべりや大笑いをしていたので、ワイドナー先生に注意されたこともありました。寂しがったり、気が塞いでいる人には、チャップリンの真似をして笑わせてみたりして、いつも人なつっこいところを見せていました。

その後、美濃ミッションは、一九三五年十一月から月刊で、伝道新聞『聖書の光』を発行し、配布を始めました。

一九三八年十二月、ジェーンはようやく休暇をもらい帰国しました。故郷に戻って、翌年六月に母親が天に召されるまで、介護をしました。第二次大戦中は、フィラデルフィアで秘書として働きながら、聖書を教えていました。

ジェーン・アッカースの在任期間は五年半ほどでしたが、「早朝から深夜までよく働いた、信頼のできる人だった」とセディは評価しています。また幾人もの友人たちが、わざわざ海外から来日してジェーンと交際するほどの人気者でもありました。彼女の笑顔はその人柄を感じさせます。

帰国途上に召天

路上集会や訪問伝道も続けられましたが、一九三九年、セディは脳内出血を患い、帰国を決意しました（詳細は110ページ以降）。

十二月二十三日、後任のベティ・フィウェルに付き添われて、横浜港から日本を離れた彼女はその翌日クリスマスイブに、六十四年の波乱に満ちた生涯を終え、太平洋上から天の御国へ召されました。ハワイ港でも、サンフランシスコ港でも、この偉大な宣教師に敬意を表し、半旗でこの船を迎え入れたと伝えられています。

セディの遺体は生まれ故郷のオハイオ州に運ばれて、埋葬されました。

「われ善き戦闘《たたかい》をたたかい、走るべき道程《みちのり》を果《はた》し、信仰を守れり。」（テモテ後書四・七）

第二章　ベティの足跡

宣教師ベティ・フィウェルを育んだもの

アメリカの東北部は、ニューイングランドと呼ばれます。面積はそれほど広くありません。他の州一つほどの地域に六つの州が存在します。しかし、このニューイングランドが過去でも、現在でも、全米に大きな影響を与えています。

アメリカ大統領選挙の成否をうかがう予備選挙は、ここニューハンプシャー州で行われます。「アメリカの夜明け」という重大な出来事は、このニューイングランドであったのです。

メイフラワー号

一六〇〇年ごろ、イギリスでは英国国教会の厳しい圧迫があり、信仰の自由を求める声が高くなりました。この人々は清教徒（ピューリタン）と呼ばれました。彼らは唯一の真の神様を敬い、形式を捨て、信仰と生活の一致を求める宗教・道徳に厳格な人々でした。

信仰の自由を求めて新大陸へという気運が盛り上がりましたが、この時代の交通手段は木造帆船だけだったのです。

一六二〇年、わずか百八十トンのメイフラワー号に百二人の清教徒が乗り込み、故国を後にアメリカを目指して進みました。三カ月近い航海でアメリカ東北部へ近づきました。到着のその日が日曜日であったため、彼らははやる心を抑えて、船内で礼拝をおこない、その翌日、マサチューセッツ州プリマスに上陸しました。

彼らは故国に因んで、「新しいイングランド」と呼んだのです。

試練と祝福

新大陸においても、信仰の試練は続きました。その冬の寒さによって、約半数の人々が死に、上陸地の近くに葬られました。しかし、良心に従い自由に神様を礼拝したいと願った清教徒の祈りに、神様は豊かな祝福をもって応答されました。「汝《なんじ》らもし一心《いっしん》をもて我《われ》を索《もと》めなば我に尋《たず》ね遇《あ》わん……我《われ》汝らの遇うところとならん。」（エレミヤ記二九・一三―一四）

現在のアメリカの豊かな鉱物資源や農産物などは、真の神様を真剣に求めた先輩たちの遺産です。

ベティの誕生

イギリスからこの地方への移民は、その後も続きました。一八九五年頃、若い夫婦がコネチカット州ストニングトンへ移り住みました。やがてこの家庭に第一子ジョージ、第二子エリザベス、第三子メアリが生まれました。この第二子エリザベスの愛称が、ベティなのです。フィウェル夫婦は、ともに英国国教会（日本では聖公会）に所属していて、毎週日曜日には忠実に、子どもたちを連れて教会へ出席していました。ベティはその教会の集会のようすをこのように話していました。

「その教会では大変でした。いつ立つか？　いつ座るか？　まわりの人をよく見ていなければ恥ずかしい思いをしなければなりません……その教会は儀式ばかり、形式ばかり、信仰のことは何も習いませんでした。……」

就職したベティ

ベティは土地の学校を出た後、特に商業簿記を学び、会社へ勤め始めました。その会社で机を並べて仕事する相手も若い娘で、この家族はカトリック教会に属していました。聖公会とカトリックなので、お互いの信仰に触れるような話題は避けていたのですが、ある日のこと、〝町にあるバプテスト教会〟についての話になり、「一度のぞいてみましょうか」ということになりました。

日曜日は二人とも、家族と一緒にそれぞれの教会へ行きますから、他の日でなければそこへ行けません。ようすを探ったところ、火曜日の夜に集会があるとわかりました。

火曜日の冒険

いよいよ、その火曜日になりました。二人とも内心びくびくしていました。未知の世界への冒険と、「悪い結果にならないか」という不安でした。また「自分の通っている教会に不忠実になるのではないか」という不安と、「このまま意味のない生活を続けているうちに、死ぬ時が来たらどうなるか」という切実な求めが、心の中で戦っていたのです。

ベティは五歳の時、知り合いのおじさんが死に、棺の中に横たわっているのを見て死の恐怖を抱きました。その時以来、折にふれて死の恐怖におびえました。今、通っている教会では死の問題の解決は教えてもらえず、死の恐怖はなくなっていません。死の恐怖から救われるために、ベティは立ち上がって進むことにしたのです。

「行きましょう」と声をかけて、二人は教会へ向けて歩き始めました。聖公会に通っていたベティとカトリックに通っていた娘の二人が、バプテスト教会の入口の扉を開いて中に入ったのです。彼女たちはやさしく迎えられて、席に着きました。

やがて賛美が始まりました。人々の顔は喜びに輝いていました。心から喜んで歌う彼らを見て、「この人々は、私がまだ持っていない何かを、すでに持っている」とベティは感じました。最初の歌が終わって司会者が祈り始めました。ベティはこの場合の祈りは、「天にまします我らの父よ、……」と〝主の祈り〟を唱えると思ったところ、司会者は「愛する天のお父さま……」と親しい人に話しかけるように祈っています。これはベティにとって意外でした。ベティが通っていた聖公会の祈りは、教会でも家庭でも、印刷された祈禱書から読むだけだったからです。

祈りが終わってもう一つの歌を歌い、三番目には次の歌が歌われました。

「わが生涯はあらたまりぬ、イエスを信ぜしより、
わが旅路のみひかりなる、イエスを信ぜしより、
（コーラス）　イエスを信ぜしより、イエスを信ぜしより、
　喜びにて胸はあふる、イエスを信ぜしより。」（リヴァイヴァル聖歌一五七番）

歌が終わって司会者は「今夜はポップコーン・ミーティングにしましょう」と言いました。ポップコーンは〝煎りとうもろこし〟のことで、火の上で炙るとバチッ、パチッとはぜるのです。この姿に似せて、各自が席から立ち上がって、短い証言をしてすぐに座る。次々にそうするのを、ポップコーン・ミーティングと言っていたのです。

司会者の言葉が終わると同時に、一人の青年が立ち上がり、「今さっき賛美した歌は、私の経験そのものです。主イエス様を心に迎え入れた時、私の生活が変わったことを感謝いたします」と言って座りました。

次に老人が右手を挙げて立ち上がり、左手で前のベンチにつかまって体を支え、右手は天を指したり自分を指したり、動かしづめでした。「主イエス様は私を愛して、私を救うために天よりこの世へお降りになり、私の罪を背負って十字架にかけられ、私のために死んでくださったことを感謝いたします」と声を震わせ、涙を浮かべながらの証言でした。

三人目は若い女性で、立ち上がると一息で「アイ・ラヴ・ジーザス」と言って座りました。彼女は「私はイエス様を愛します」と言ったわけです。

それから後は、まさにポプコーンが続けざまにはぜるようでした。ベティは誰が何を言ったのか、もう憶えられません。ただ興奮の渦に巻きこまれて、ぐるぐるまわされている感じでした。

その後、牧師が短く話をしましたが、それも記憶に残らず、終わりの讃美歌を歌って閉会となりました。

シィー・ユー・アゲイン

ベティたちは新顔なので、会衆が入れ替わり立ち替わり挨拶に来て、「シィー・ユー・アゲイン。また来てくださいね」と招きの声をかけてくださいました。二人は初めて来たのに親しくされて大喜びでしたが、夜がふけるので「シィー・ユー・アゲイン。またお目にかかりましょう」と挨拶して教会を出ました。二人は足取りも軽くそれぞれの家へ帰りました。その夜はどこへ、何をしに行ったのかを、両親は問いただしませんでした。

毎週火曜日

翌日、会社で顔を合わせた二人は、「夕べは良かったね」「また行きましょうね」と語り合いました。二人にとって次の火曜日が、とても待ち遠しかったのです。

さて次の火曜日、二人は連れ立ってその教会へ出席しました。そして賛美も説教も聞き漏らさないよう、真剣に聴きました。こうしてその教会へ通い始めて一カ月、ベティたちが持っていないもの、彼らがすでに持っているものが何かがわかりました。彼らは絶対の信頼を聖書に置いていたのです。

ベティの家にも聖書はあり、毎夕食の時、父親が読むのを一家で聞きました。しかし、それ以外に誰も聖書を読まず、学びもしていなかったのです。

秘密は聖書に

真の信者は、各自の聖書を持ち、自分のために聖書を読み、神様の約束を信じ、神様の命令に従うのです。

これに気づいたベティは聖書を買い求め、自分のために読み始めました。これがベティの生涯を変えました。ベティの問題〝死の恐れ〟についても、そこから道が開かれていきました。

ベティは、秘密を発見した喜びで聖書に取り組みました。ところが全く予想もしなかった意外な文字が、目の前に飛び出してきます。「義人なし、一人だになし…善をなす者なし、一人だになし」。さらに読み進むと、「凡《すべ》ての人、罪を犯したれば神の栄光を受くるに足らず……」

罪！　罪！　罪！

ほかの文字は目に留まらず、「罪」という文字は電灯がつくような感じで目立ちました。そのうちにロマ書五章一二節へ進みました。「一人の人（アダム）によりて罪は世に入り、また罪によりて死は世に入り、凡ての人、罪を犯しし故に、死は凡《すべ》ての人に及《およ》べり。」

罪が無ければ死なない。死ぬのは罪があるからだ。罪がある人間は絶対に死ななければならないのだ。

幼い時から持ち続け、成長しても消えるどころか増加し続ける「死の恐怖」が、ベティの全身を震わせるほど強烈に迫ってきました。

二十一歳の回心

罪と死のつながりはわかりましたが、自分と罪は……と考えた時、幼い日のことが鮮やかに目の前に浮かんできました。妹のメアリがまだ数を数えられないので、お菓子を分配するのに数をごまかして自分のほうに多く取ったのでした。それは小さい……過去の……と、もみ消そうとしたのに、大きな焔として心の中に燃え上がりました。

死の恐怖と罪の自覚によって、もうたまらなくなったベティは、「主よ、どうか赦してください……」と祈るほかはありませんでした。

それは祈禱書を読む祈りではなく、自分の心からの祈りでした。

ベティは聖書を読むことをやめませんでした。あの教会の信者たちの喜びや確信はこの聖書にあるのだ、と信じていました。ある日「木の上に懸《かか》りて、みづから我《われ》らの罪を己《おの》が身に負いたまえり。これ我らが罪に就きて死に、義に就きて生きんためなり」（ペテロ前書二・二四）との聖句を読みました。

主イエス・キリスト様がベティの罪を背負って死んでくださったので、私は主イエス様を信じさえすれば罪は赦され、義に生きる者としていただけるのだとわかった時、死の恐れは消え、喜びが心にあふれました。この時、ベティは二十一歳でした。

（この後、ベティは他人に救いの道を語る時、自分が体験した前述の聖句を用い続けました。）

初めての証言

死の恐れから解放され、喜びを心に満たされたベティは、自分の体験を教会で発表しようと心に決め、ポップコーン・ミーティングを待ちました。証言が始まれば一番乗りでと思っていたのに、気おくれしてなかなか立てなかったので、他の人が立って証言しました。息を整えるのに手間取って、二番目も他の人に取られてしまいました。

三番目に手を挙げて立ち上がったとたんに話そうと思っていたことが全部消えて、頭の中が白紙になってしまいました。せっかく立ち上がったのに……。気を取り直して「アイ・ラヴ・ジーザス！（私はイエス様を愛します）」と言いました。顔は真っ赤、心臓は破裂するかと思うほどでした。思ったことは話せなかったけれど、人前で証言できたので、ベティはとても嬉しくなりました。

教会で証言ができたので、次は家族へ信仰の発表をしようと決心しました。

家族への証言

両親の前でベティは、「死の恐れから解放された」こと、および「形式的な教会から離れ、聖書的教会へ行く」ことを一気に話しました。これについて両親は理解を示し、「自分が正しいと思う道へ進みなさい」と答えました。協力的な両親の態度を見て嬉しくなった彼女は、父も母も自分と同じように救われてほしい、と心の願いを話しました。

母親の強烈な拒絶

「お父さんもお母さんも、自分が罪人であることを認めてください。主イエス・キリスト様を自分の個人的な救い主として心に受け入れてください」と熱心に伝えました。

これに対して父親は、ウン、ウン、とうなずいて聞いていましたが、母親は堅く厳しい表情のままでした。

ベティが話し終わると母親は、とても厳しい口調で答えたのです。「ベティ、私は今日まで誰をも傷つけたことはない。また人を騙したこともない。およそ良心に責められるようなことはただの一つもしていませんよ。」つまり「私は罪人ではありません」という返答です。自分を罪人と認めない人は、神の救いを拒否する人です。ベティは失望してしまいました。

しかし、この母親がやがて救われ、後に娘が日本の宣教師になるのを喜ぶ人になるのです。ベティは何をしたのでしょうか。

愛するお母さんがこのまま進めば、死後に必ず罪の刑罰を受けなければなりませんので、ベティはとても悲しみました。母が、「自分は精いっぱい良いことをしてきたからだいじょうぶ」と信じきっていても、自己免許の正しさでは真の神様の前に通用しないのですから。

「われらの義は、ことごとく汚れたる衣のごとし」（イザヤ書六四・六）。自分の罪を認めない人は、救いを受けることはできないのです。

母の救いを求めて

どうしたらお母さんが自分を罪人と認めるでしょうか。議論をしては、なお一層心を閉じてしまうとわかりました。考えているうちに最善の方法が示されました。それは、創造主である神様にお願いするという方法でした。

夜更けの祈り

ベティは妹のメアリと同じ部屋で寝るので、「お休みなさい」と言って明かりを消すと、ベッドの傍らにひざまずいて、声を出さずに祈りました。お母さんが救われるまで、また他の家族の者も救われるまでは、毎晩必ずお祈りする」と固く心に決めたのです。

ある晩のこと、お母さんのために祈っていると、涙がとめどなく流れ、とうとう抑えきれなくなって、泣きじゃくりながら祈っていました。すると妹のメアリが目をさまして、「ベティ、どうしたの。どこか痛いの？」と尋ねました。

妹が救われる

ベティはメアリにこの数週間の自分の体験を話しました。まず聖書を読んで、罪の自覚が与えられたこと、ついで主イエス・キリスト様が私の罪を負って十字架で死んでくださったこと、さらに主イエス様を自分個人の救い主と信じた時に、死の恐れから完全に解放されたことなどを話しました。

そして数日前、父母に自分の体験を話したことを伝えて、「二人に主イエス様を信じるように勧めたところ、お母さんは『ベティ、私は今日まで誰をも傷つけたことも、また人を騙したこともなく、およそ良心に責められるようなことは一つもしていません』と言ったのよ。神様の御前で私たちは一人残らず罪人だけど、罪を認めて主イエス様の身代わりを信じれば、罪を赦されて救われるのよ。だけど、お母さんのように『私は正しい、罪はない』と言う人は救われないのよ。……その晩から私は、毎晩寝る前に、お母さんが自分の罪を認めて救われるように祈っているの。私はお母さんもメアリも、家族全員が天の御国へ行けるように祈っているのよ。」

静かに聞いている妹に、ベティは問いかけました。「メアリは神様の御前に、自分が罪人だということを認める?」「ええ、認めるわ！」メアリは素直に答えて、その場で主イエス・キリスト様を信じ、受け入れました。
翌朝ベティは、メアリが本当に救われたことを、その笑顔を見てわかりました。その晩からベティとメアリは、寝る前に父母と兄の救いのために、心を合わせて祈るようになりました。

会社での証言

ベティは従業員が十人ほどの小さな会社で働いていて、みんな親族のような親しさを持っていました。ベティは社長に、自分が経験した回心の喜びを話し始めました。

ベティ「社長さん、私は死に対する大変に強い恐れを持っていましたが、最近主イエス様を信じて救われました。」
社長「救われた？　救われるって何のことかね？」
ベティ「人間は皆、罪人ですから、救われる必要があるのです。」
社長「うん、そりゃぁ悪い人間は、救われる必要があるよね。」
ベティ「自分は悪い人間だと認めている人は救われやすいのですが、自分は善人だと思っている人のほうが救われにくいのです。私は聖書を読むまでは、自分が善人と思っていましたが、聖書を読み始めたら、自分の罪が次々に示され、とうとう私は罪人だと認めました。主イエス様が私を救うため十字架にかけられ、私に代わって死んでくださった……」
社長「ストップ！　ベティ、あなたは罪人じゃない、ヤングレディ＝貴婦人だよ。罪人なんてとんでもないことだ。ベティが罪人ならば、世界中の人はみんな、一人残らず罪人だよ。」（現実は、全世界のすべての人は聖なる神様の御前に罪人です。）

社長に聖書を開いて見せてあげたいと思いましたが、どこを示せばよいのかベティにはわかりません。そういえばお母さんと話した時も、同じ思いで引き下がったのでした。ベティは自分の聖書知識の不足を痛感し、自分のためのみならず、他人に分かち与えるためにも、聖書を勉強したいと祈り始めました。

ベティが以前通っていた教会では、土曜日の夜ダンスパーティーを開いていました。そのパーティー券を割り当てられて販売したこともあり、ベティ自身もダンスは大好きでした。しかし、主イエス・キリスト様を救い主と信じた時から、ダンスが嫌いになっていました。母親には「なぜ？　なぜなの？」と聞かれましたが、返事ができません。確かに答えは聖書の中にあるはずですが、自分はまだ知りません。まず自分自身のために、また他の人々に教えてあげるためにも、聖書の勉強をしたい、と真剣に祈り求め始めました。

聖書学校へ

考えても名案が浮かばないので、ベティは教会の牧師に尋ねることにしました。

ベティ「私は聖書を勉強したいのですが…」
牧師「何のために?……」
ベティ「私自身、心に生じる疑問に対して、神様からの答えが欲しいからです。また、この喜びを人に教えてあげたいのですが、どこを開けばよいのかわからないからです。」
牧師「それは良い目的だね。その目的にピッタリの聖書学校があるよ。スコフィールド博士が開設された学校で、フィラデルフィア聖書学校(現在のフィラデルフィア聖書大学)という所だ。」
ベティ「場所はどこですか?」
牧師「ペンシルベニア州フィラデルフィア、距離で四百キロ、汽車で三時間のところだね。」

ベティ「月謝は？　資格・条件は？……」
牧師「牧師の推薦状が必要だが、これは私が書いてあげる。その他は入学案内を見てごらん。」

ベティの心は、すでに聖書学校に向かって走り出していました。

またもや、母親の反対に

ベティは家族と会社に、仕事を辞めて聖書学校へ行くことを話しました。会社では社長に惜しまれましたが、反対はされませんでした。しかし家では、母親の猛反対にあってしまいました。まだ〝救い〟を体験したことのない母には、ベティの願いも目的もまったく理解できなかったからです。汽車で三時間離れるだけ、そして休暇の度に家へ帰って来るのに、もうこれが〝永遠の別れ〟のような騒ぎをされるので、ベティは困りました。特に心配したのは、母がなおいっそう心を固く閉じて、救われないのではないか、という点でした。

その時、心に浮かんできたのは、「手を鋤《すき》につけてのち、後を顧《かえり》みる者は、神の国に適《かな》う者にあらず」という聖句でした。いつか誰かの証言で聞いたのか、自分で読んだのかは定かではありませんが、この時に勇気づけられる言葉でした。妹のメアリに「毎日お母さんのために祈りましょうね」と言い残し、ベティは聖書学校へ向けて出発しました。

特例の入学

アメリカの学校は九月に新学年が始まります。ベティは一カ月遅れの入学でした。このために、卒業後の補修で不足単位を取るという条件になりました。しかしこの補修期間こそ、日本人に福音を伝えるために、ベティの生涯を捧げさせる神様の摂理、ご計画だったのです。

全寮制の学校

この学校は生徒全員が寮に入り、二十四時間すべてが学びと訓練でした。舎監の先生は生徒全員に、「私たちは皆さん一人ひとりの性質や好みを一切知らない。しかし神様は天から支配され、個々の訓練のためにルームメイトを組み合わせられる。だから、〝この人とは好みが合わないから〟と部屋替えを願い出てはならない」と言い渡しました。

二、三日たつと、やはりブツブツ言う人が出てきました。朝早く起きる人と朝寝坊、また窓を開きたい人と閉じたい人、正反対の人たちが見事に組み合わされていたのです。ベティも部屋替えを頼もうと思いましたが、言われたことを思い出し、神様の支配を認め、訓練の学課として受け入れました。

毎朝、洗面をすませると窓拭きや床掃除をさせられました。後年、級友は当時を懐かしがって「あなたは窓を拭きながら『私は使徒パウロのようになりたい』と言っていましたよね」と話していました。

聖書の学びは午前中で、午後は宿題と自習、夜は証言や賛美の実習に市内の教会へグループで行かされました。これは知識だけでなく実行して身につけるためでした。

ベティも回数を重ねて、よく話せるようになり、実習が楽しくなってきました。

そんなある日、「家、全焼!」という電報が母から届きました。

電報を持つベティの手が震えました。目を閉じると、懐かしいわが家がまぶたの裏に浮かびますが、目を開くと「家、全焼!」という言葉が涙ににじんで見えます。電話のない時代ですから、家族のようすを知るためには、汽車に乗って行かなければなりません。ベティは学校を休み、急いでコネチカットへ向かいました。

火災の原因

父親が煙を吸い込んだために入院中と聞き、ベティは病院へ見舞いに行って、直接火災の原因を聞かされました。お父さんは以前から鶏を飼っていて、親鳥に卵を抱かせ雛《ひな》を孵《かえ》していました。かわいい雛が何羽か生まれてきたので、暖房のために石油ストーブをつけて炎の調整をしていたところ、突然火が燃え広がったということです。お父さんは消火する前に、まず雛鳥を火から助けようと逃げまわる雛を追いかけていて、大量の煙を吸い込んでしまったのでした。ベティは石油ストーブの不調が火災原因だったと聞いてショックでしたが、父が燃える家の中で雛を助けるために、命を惜しまなかったことを聞いて感激しました。

ベティ「お父さんが雛を助けるために、燃える火の中を探しまわったように、イエス様も私たちを救うためにこの世へ来てくださったのよ。イエス様は、お父さんの罪のために十字架の上で身代わりに罰を受けてくださったので、主イエス様を自分の救い主として信じるだけで罪を全部赦していただけるのよ。」

父「ベティ、ありがとう。私は主イエス様が、私を救うためにこの世に来てくださったことを知っていながら、あの雛たちのように逃げまわっていたのだね。でも、イエス様は今、私を捕らえてくださった。」

ベティ「お父さん、本当にイエス様を信じたのなら、今すぐにお祈りしましょうよ。」

救われた父が天へ

ベティとメアリが、涙を流して祈り求めた父親の救いは、家の焼失によって与えられました。そしてその機会を逸したら、二度目のチャンスは無かったのです。

実はそれが、父娘の地上で最後の会話となってしまったのです。母親はまだ救われていなかったので、全財産を失った上に、夫の死が重なり、不幸を嘆くのみでした。

再建の援助

聖書学校へ戻ったベティは、所持金を計算し、卒業までの必要分を残して他のすべてをお母さんへ送金しました。家の再建のために犠牲的に提供したのです。母親はもちろん喜び、「再建する家にはベティの部屋も造るから、今度の休暇を楽しみに」と手紙で知らせてきました。

その時にまた、思わぬ出来事が起こるのです。

新しい家で

次の休暇でベティが帰宅すると、お母さんは大喜びで出迎え、真新しい家の各部屋を案内してまわりました。そして「ここがベティの部屋、服はここに掛けるのよ」とクローゼットを指差しました。

次の朝、ベティが服を着ようとした時に、背中の部分が変色しているようなので、もっとよく見るために窓べに行きました。「オォ、ノー！」思わず声が出てしまいました。壁がよく乾いていなかったため、服が変色してしまったのです。その声を聞きつけて、お母さんが飛んで来ました。「ベティ、どうしたの？」そしてお母さんも「オォ、ノー！」

その次に、ベティが生涯忘れることのできない言葉が、お母さんから出たのです。「ベティ、ごめんなさい。私が悪かった。壁が乾いていなかったのね。私は気がつかなかった。ゴメンナサイ。」生まれてこの方、母の口から「ゴメンナサイ」という言葉が出たのは初めてでした。それも、心からのお詫びだったのです。ベティには自分の一番良い服がダメになっても、

再建された家

お母さんが初めて自分の非を認めて謝ってくれたことが、何よりも嬉しかったのです。

その後、お母さんはへりくだって罪を認め、主イエス・キリスト様を自分の救い主として頼るようになりました。あれほど聖書学校に大反対したお母さんが、やがてベティが日本へ宣教師として出かける時には、喜んで助けてくれたのです。

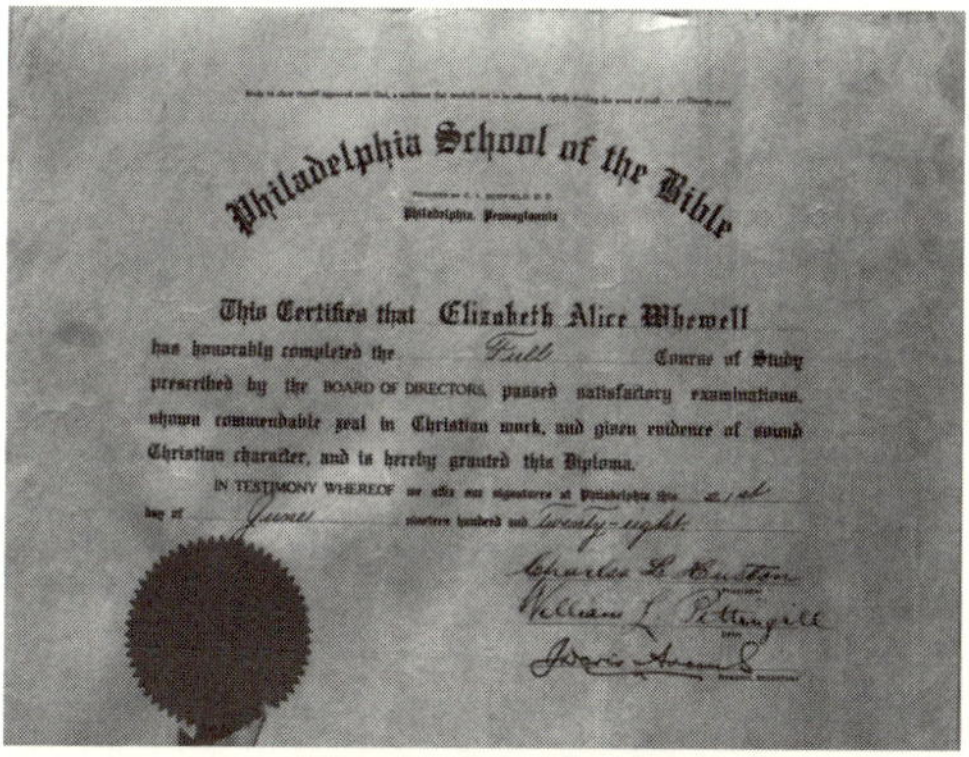
Philadelphia School of the Bible
Philadelphia, Pennsylvania
This Certifies that Elizabeth Alice Whewell
has honorably completed the Full Course of Study
prescribed by the BOARD OF DIRECTORS, passed satisfactory examinations, shown commendable zeal in Christian work, and given evidence of sound Christian character, and is hereby granted this Diploma.
IN TESTIMONY WHEREOF we affix our signatures at Philadelphia this 21st day of June nineteen hundred and Twenty-eight.
Charles G. Trumbull
William L. Pettingill

聖書学校の卒業証書

ベティの服は、母親が「ものは試し」と言ってクリーニングに出したところ、すっかりとシミが取れて元どおりになりました。お母さんの救いのために、神様がなさったことだったのですね。

進路への召命

聖書学校の三年間は驚くほど短く、五月末には卒業式が迫っていました。それまでに卒業後の行く先を決めなければなりません。他の人々は、それぞれ進路が決まりました。ある人は出身教会へ、他の人は未知の教会からの招きを受けて、卒業と同時に巣立って行きました。この時点でベティにはどこからも声はかかりませんでしたが、不足の単位を補うために補修授業を受けていましたので、それほど気にしませんでした。

補修期間中、寮の責任者アダムス先生の秘書として働くことができました。これはベティにとって経済的にも助かりましたし、カウンセラーとしての実地教育の場でもあり、非常に得をしました。

しかし補修期間の終わりが近づいても、まだどこからも、ベティを招く声がかからないのです。ベティは毎日、一生懸命に祈りました。「主よ、私はどこへ行けば良いのでしょうか？導いてください。アメリカ国内ならば、どこへでも行きますから。」

しかし、この種類の祈りに、主のお答えを期待するのは無理です。ベティには、待てど暮らせど招きの声はかかりませんでした。

このようなある日、ミッション・カンファレンス（宣教大会）が開かれました。これは外国で長年働いた宣教師を招いて話をしてもらい、海外宣教への呼びかけをする集会です。ベティはその話を聞きに行きました（その宣教師の名・年齢などは記録にありません）。

講壇に立つ先生は、静かな口調で語っていました。「私が働いていた国のほとんどの人が真の神様を知りません。一生涯のうちに一度も、主イエス・キリスト様のお名前も聞くことがない状態です。救い主を知らずに、死んで地獄へ落ちるのです。彼らに救い主が伝えられるように祈ってください。」

この話はベティの心に突き刺さり、その晩はこのように祈りました。「主よ、あなたが私を遣わしてくださるところなら、どこへでも行きます。外国でもジャングルでも、主が命じられるまま、私は行きます。」涙はとめどなく流れ、長い時間祈り続けていました。その時には、もうアメリカの楽な生活願望は消えていました。

進むべき道は

あくる朝、アダムス先生の部屋へ仕事のために入って開口一番、昨夜の祈りと決心について話しました。静かに聞いておられた先生は、目の前の箱から一通の手紙を取り出し、「今朝、着いたこの手紙は、あなたのものだよ。開いてごらん」と言いながら手渡してくれました。

発信者はミス・ハッチ、住所はコネチカット州（ベティの生まれ故郷）、手紙の要点は、「私は一年間ミス・ワイドナーを助けるために日本におりました。中部日本の岐阜県大垣市です。私は老齢なので、日本語を習ったり話したりはできません。ただ日本での宣教上の諸問題のために、祈りでミス・ワイドナーを支える働きをしました。滞在期間の終わりの帰国直前に「私がアメリカへ帰ったら何を送りましょうか? 欲しい物を知らせてください」とミス・ワイドナーに尋ねたところ、その答えは、「私は伝道に専念したいが、手紙の返信と会計が私の時間を取ります。だからタイプができて、会計もできる人を送ってください。ちょうど聖書学校を始めたので、聖書を教えることができる人をお願いします(以下略)」。

ここまでベティが読んだ時、アダムス先生が「タイプが打てて、会計管理ができて、聖書教理を教えられる人。ちょうどあなたにピッタリじゃないか! 神は賜物を与え、それを用いる働き場へ導いてくださる。ベティ、あなたの働きの場所はここだね」と言われました。

昨夜の祈りと今朝の答え、時も場所も、すべて神様が導いてくださいました。ベティは心からの感謝を主に捧げ、今後についてアダムス先生の指導を受けました。

ミス・ハッチは、ベティの渡航費(大陸横断鉄道とサンフランシスコ—横浜間)全額を負担してくださいました。ベティは故郷へ帰って日本への旅支度を始め、すでに救われていた母も、旅支度を喜んで助けてくれました。

ベティは母に、「日本へは、陸海合わせて一カ月もかかるの。」

母「おや、天の国のほうが近いね。」
ベティ「なかなか帰れないのよ。」
母「ベティ、だいじょうぶよ。私が先なら、天の国で待っている。大勢の日本人を天の国へ導いて。」

このように日本への宣教師は、神様に導かれて海を渡り、不自由な生活を忍び、難しい日本語を習って、主イエス・キリストによる救いが伝えられてきたのです。

ベティが三年前、聖書学校へ入学しようとした時、母親は猛烈に反対しました。それなのに今、ベティが宣教師として遠い日本へ出かける準備を母親は大喜びで助けています。これは大きな変化です。三年前に母親は、まだ救われていなかったのです。宗教的な人でしたが、自分は正しい生活をしているから、神様の御前に立っても大丈夫だと信じていたのです。

しかし、この母親がある日、自分の正しさは不完全・不十分だと悟りました。自分の罪を認め、主イエス・キリスト様を自分の救い主と信じて救われました。それ以来、「あなたも主イエス様を信じなさい」と人に勧めるほどになったのです。

だから、娘が外国へ宣教師として出かけることを誇りに思っていました。

いよいよ日本へ

ベティの故郷は、アメリカ東部のコネチカット州でした。そこから西海岸のサンフランシスコへは、大陸横断鉄道で昼も夜も走り続けて三日間かかりました。駅から港へ荷物を運び、船会社に横浜まで託送します。そして船が来るのを待ちます。

出航日時、船名不詳。到着の日付から、出港は十一月下旬だったと思われます。

船が入港し、ベティは乗船して指定の船室に入りました。ボートに乗ったことはあるが、これ程の大きな船に乗るのは、生まれて初めてでした。ベティは自分が立ち入ってもよいと言われた場所を歩きまわり、甲板へも出て周囲を眺めました。

時刻どおりに船は動き始め、湾から出ると広い太平洋を西へ向かって進みました。初めのうちは太平洋の名のとおり穏やかな航海でしたが、後半は北西の風が逆らうので、山のような大波にもまれました。この時の大波には船員生活の長い人でも酔う人が出る程でした。ベティは船酔いしなかったので、毎日定刻に食堂に来るし、雨が降らなければ甲板にも出ました。しけが続いて、ほとんどの人が寝たきりになりました。それでもベティは、舳先が波を切って日本へ進むのを見るために甲板に出ました。

妨害・誘惑の声

ベティの傍に近づいてきた一人の紳士が声をかけてきました。

男「あなたはこわくないかね？」

ベティ「ええ、天のお父様の御手に護られていますからね。」

男「日本へ何しに行くのかね？」

ベティ「私は宣教師です。日本の人々に真の神様を伝えるために働きます。」

男「なんだって、宣教師！　……ウーン。あなたはね、キレイな服を着て、臭いドブに入っていくかね。そりゃあ自分をドブへ捨てるだけだよ。あぁ、もったいない、もったいない……。」

ベティ「主イエス様は罪人であった私を救うために生命を与えてくださいました。だから主の御手に私の全部を捧げました。日本人は主イエス様を知らないために地獄へ落ちて行きます。私は一人でも多くの人に救い主＝イエス様を知らせるために日本へ行きます。」

男は「あぁ、もったいない、無駄だよ」を繰り返しながら離れて行きました。

横浜へ上陸

船が浦賀水道へ入ったら、波は静まりました。船員たちは「もうすぐ横浜入港です」と告げてまわります。また、他の船員たちも準備のために走り回っています。

やがて、出迎えの人々が大勢待っている岸壁が見えてきました。接岸するとタラップが降ろされ、高級船客から順番に下船します。これには白い制服を着た船員たちが、手荷物を持って助けます。やがてベティが下船する番がきました。

一九二八年十二月十四日、ベティはついに日本の地に立ちました。知らない人ばかりの国で、ただひとり写真で見たことのあるワイドナー先生が近づいてきました。ベティはワイドナー先生にあいさつをしました。

この時、幾人かの人々がベティを迎えるために横浜まで来ていました。彼らもあいさつのために近づいてきました。ベティは日本の十二月の寒さで、両手をオーバーのポケットに入れたまま、その人々に軽く会釈をしました。するとワイドナー先生が「ミス・エリザベス・アリス・フィウェル、ポケットから手を出して頭をさげなさい」と言われました。見回せば、まわりの人々は全員が、深々と頭を下げてあいさつをしています。ベティはあわてて言われたとおりにしました。

上陸早々、まず黒星で、これから先が思いやられます。

ベティは横浜へ上陸した翌日、大垣へ着き、早速、米国向けの手紙をタイプしました。そして、あちらこちらのクリスマス集会に引っ張り出されて、通訳付きであいさつをしました。クリスマスが終わると、会計簿と取り組み、得意の腕をふるいました。こうしてあわただしく一九二九年の正月を迎えたのです。

ベティは、初めての日本の正月に驚きました。アメリカでは一月一日は休みですが、二日からは通常勤務です。ところが日本では、年末から一週間ほどの休暇が与えられます。会社・工場は新年の仕事始めまで閉鎖し、多くの人々は家族と一緒に正月を迎えるためにみやげを持って家に帰ります。

しかし、家が遠くてこの休暇では往復できない人たちもいたのです。ワイドナー先生はその人々に対してやさしい配慮をされました。

エラブ島の娘たち

エラブ島は、正式には沖永良部《おきのえらぶ》島と言い、鹿児島県下、沖縄本島の北東七十キロの南西諸島にあります。一九二〇年ごろから、紡績会社の女子工員募集係がこの島へ来るようになり、中部日本の紡績工場へ、エラブの少女たちが送り込まれたのです。当時の紡績工場は、早朝から深夜にわたる長時間勤務で、仕事が辛くて家が近い人は逃げ出すので、簡単に家へ帰れない地方の人を雇ったわけです。その頃の船旅は、エラブ島から鹿児島まで、三週間ほどかかったそうです。

そして陸上でも、鹿児島から博多へ行って一泊、さらに神戸でもう一泊、三日目に大垣市の西十六キロの関が原という町に着き、その町の紡績工場へ案内されました。

その工場には、全国各地の不便な所からの人々が集められていました。東北地方から来た人と九州から来た人では、全然話が通じません。そこで自然に東北弁同士が話し合い、エラブの娘たちは島の言葉で話し合っていました。

問題の正月

正月が近づくと、帰省のための準備が始まります。みやげ物を買ってきて包み直したり、誰も彼もがウキウキしています。エラブの娘たちはそれを流し目で見るだけ、無言なのです。すると東北の人たちが尋ねます。

東北の娘A「オメェたちァ、なして家さ帰らねェのョ？」
エラブの娘B「帰れないワ！」
A「なしてだぁ？」
B「遠いからョ」
A「どれぐらいかかるのンかネ？」
B「往復で六週間ョ」
A「ありぁまぁ！　それはどこだんべー、日本か？　外国か？　地図にあるべぇか？」
B「日本よ。離れ小島なのョ……」

ミッションへ招待

この話が、美濃ミッション関が原伝道所の婦人伝道師からワイドナー先生に伝えられると、先生は「そのエラブの娘さんたちをここへ連れて来なさい。泊らせて世話をしましょう」と招

紡績工場の女子工員たちと

待されました。

それで、この娘さんたちがベティの目の前に現れたわけです。彼女たちは正月休暇を、美濃ミッション本部で讃美歌と聖書の学びをして過ごしました。もちろん、食後のひと時はゲームなども楽しみました。

着任早々のベティは、日本語で話せないのがもどかしくて残念でした。しかし若くて美しいベティは、彼女たちの人気者でした。本当に教えたいことは通じませんが、習いたての日本語を使って直されたり、笑われたり、楽しい正月を過ごしました。

正月が終わって、彼女たちは関が原の紡績工場へ戻りました。しかし、忠実に伝道所へ通って聖書を学び、バプテスマを受けるまでに進みました。ベティはアメリカで大勢の信者がバプテスマを受けるのを見てきましたが、この日本で、偶像を捨てて主イエス・キリスト様に従おうとする娘たちがバプテスマを受けるのを見て、今までにない感動を憶えました。

（筆者は一九七三年十月、沖永良部島を訪ね、かつて美濃ミッションへ来ていた方々五名を探し出し、この記事の確認を取りました。）

ベティは、来日早々から忙しい毎日でした。ワイドナー先生が手紙の返信を口述し、速記で書きとめ、あとでタイプします。また、毎日の金銭の出入りを記録し、月末には会計係としての腕前を発揮しました。このため、日本語学校へは通えませんでした。

ワイドナー先生は、長沼外語学校から日本語の教科書を取り寄せてくださいました。周囲にいる牧師・伝道師に教科書を読んでもらい、それを真似して日本語を習い憶えました。時には聖書学校の生徒たちや料理人さんまでが、ベティの日本語教師になりました。

ベティが日本語で最初に憶えた聖書のみことばは、「神は愛なり」（ヨハネ第一書四・一六）でした。誰にでも笑顔で、「カミはアイなり。ワカリますか？」と語りかけるベティは、人気者でした。この片言の日本語が、人々の心に〝神の愛〟を教え、慰めや励ましを与えていたことが、長い年月たってからわかってくるのです。

自動車免許

一九二九年七月九日、ベティは岐阜県乙種自動車運転免許證を受けました（当時は五年毎の更新で、現存するのは二期目の免許証です）。

ベティが来日する前に自動車がすでにあり、運転手も雇われていました。しかし何かと不便でしたから、ベティも免許を取ったわけです。このために交通関係の法規の日本語特訓を受けて準備したのです。しかし、当時の社会では女性の運転手は珍しく、好奇の眼で見られたものです。

ベティの免許証

故障の時は

ベティは、パンクしたタイヤの交換もしました。しかし、自動車の構造や故障が全部わかるわけでもありません。そのうえ今のように携帯電話や公衆電話などがありませんから、修理屋を呼ぶのも大変なことでした。

でも、その時代には、今では見られない「助け合い」がありました。故障して止まっていると、通りがかりの自動車やトラックの運転手が、車を止めて降りて来て、故障を見つけて修理してくれたのです。後にベティはその親切と技術・知識について、こう語っていました。「日本の運転手は皆、専門者です。エンジニアです。とても親切、よく助けます。」

その当時、どうして美濃ミッションが自動車を持つようになったのか、興味深いことです。

授かった自動車

一九二五年四月から翌年十月まで、ワイドナー先生は美濃ミッションの活動を報告するためにアメリカに戻り、全米各地の教会を回って話をしました。

ある教会で集会前に、牧師がワイドナー先生にこう尋ねました。「今、美濃ミッションの仕事を続けるために必要なものは何ですか?」

答えは「美濃ミッションの使命は、山間・僻地、人の行かないところへ伝道します。今、伝道者たちはひたすら歩

T型フォードを運転するベティ

いています。自動車があれば、村から村への移動の時間が無駄にならずにすみます。必要なものは自動車ですね。」

この時ワイドナー先生は、聞かれたから答えただけで、自動車が即座に授かるとは思っていませんでした。しかし集会後、講壇から降りてきたワイドナー先生に、牧師が小切手を渡しながらこう言ったのです。「自動車はガソリンなしには動きません。ここに自動車一台分と、約半年分の燃料代があります。僻地の伝道に使ってください。」

こうしてT型フォードが、岐阜県の山間部を走りまわるようになったのです。

聖書の神様は「我《われ》らの凡《すべ》て求むる所、すべて思う所よりも甚《いた》く勝る事をなし得る」御方であります（エペソ書三・二〇）。

ベティがタイプしてアメリカへ送ったワイドナー先生の手紙のコピーが、今も私たちの手許にあります。全文を掲載することはできませんが、少し紹介しましょう。それによって、当時のことが少しわかることでしょう。

伝道のようすを伝えるミス・ワイドナーの手紙

「一九三〇年二月十日

私たちが特別に感謝していることは、昨年、福音書とトラクトを家から家へ配りつつ、岐阜県全域に達するように、神様に押し出されたことです。しかしこれより先は鉄道や電線から遠い、山間部の人々への配布で、大変難しいことです。この伝道のために特別の祈りの助けをお願いいいたします。（中略）なお、感謝していることは、ミス・ミラーとミス・フィウェルは難しい日本語の勉強に励んでおります。二人とも上出来です。（中略）

新年の時ことですが、二人は数千部の福音文書を自動車に積んで出かけ、路上で配布しました。」

ミラー先生は、年齢も、来日時期も、ベティにとって先輩でしたが、自動車の運転は若いベティがしていました。

ミラー、ワイドナー、ベティ

神社参拝拒否による弾圧事件

迫害のようすを伝え、祈りを要請するミス・ワイドナーの手紙

「一九三〇年七月二十一日

……このすべての問題の上に、大垣地方紙の編集者（仏教徒）が次のような記事を出しました。市会において木村議長語る。『大垣基督教幼稚園を経営するワイドナー氏に対し、市からも相当の補助金でも出して、これが助成をなし、感謝せなければならないと思っておったが、最近聞くところによると、同氏は宗教的偏見から神社に参拝する事を欲せざると聞く。斯くのごとき危険な思想をわが国民に注入されては一大事である。この件について市長・教育関係者の意見はどうか？……』

（この文章は三月十三日付の美濃大正新聞から英訳して送ったもので、同紙は翌日版から『ワイドナー事件』という見出しで報道したのです。）

この記事は、小学校教諭が引率して行う神社参拝に、美濃ミッションに住む子どもたちが一緒に行くことを私が許さなかったために浮かび上がってきました。この神社参拝は日本全国の小学校で強制的に行われています。政府は『神社は宗教ではない』と言うが、神社は宗教そのものであると私たちは知っています。神社参拝は日本全国の教会にとって大きな問題です。

神社参拝を拒否したために苦しい迫害を受けています。……教育関係者は信教の自由を認めず、神社参拝を国民の義務とする人々ですから、ワイドナーを批判する講演会を計画し、立て看板を市内の目立つところに置き、宣伝ビラを配る人々は、トラックの荷台からハンドベルを鳴らして人々の注目を集めています。……その講演会の聴衆は約百三十名、内容はワイドナーに対する中傷・誹謗でした。結果は教会の出席者の減少など……。

『汝等《なんじら》はキリストのために、ただに彼を信ずる事のみならず、また彼のために苦しむ事をも賜《たまわ》りたればなり。』（ピリピ書一・二九）

このような迫害の中でも、私たちは喜び、感謝しています。天のお父様が、遠くからも、近くからも、男も女も、人々を美濃ミッションへ連れて来てくださるのです。

中でも特別のことは、ここから十二キロ離れた寺の住職の娘さんが、美濃ミッションを訪ねて来られました。彼女はイエス様を信じて聖書を読んでいます。彼女は病身の父に代わって、偶像に仕えなければならないという困難な立場に置かれています。……しかし、神様は彼女を励まし、強め、この迫害の最中に一切の偶像関係から自由にされました。彼女は先週、私を訪ねて来て貰い交わりの時を持ちました。彼女が変わったことは、その顔に表れていました……。」

来日後、一年三カ月のベティには、日本語で話されるこの問題は、全然わかりませんでした。しかし彼女は、ワイドナー先生の英文手紙をタイプして送る仕事をしているので、何事が起きたのかは理解できました。

ベティが日本に来た時から不思議に思ったのは、日本の人たちが人間細工の偶像を拝んで熱心に願い事をする姿でした。悪魔に騙されて偶像を神と信じて拝んでいる人もいますが、そういう人が全員ではないことも、だんだんわかってきました。「拝め」と言われて断れない人や、左右の人たちを見て同じ事をする人たち、つまり悪魔に縛られている人たちも、たくさんいることがわかってきました。

学校で起きた問題

この度、学校で起きた問題は、文部省が「教育上必要だから、教師は生徒を引率して神社参拝せよ」と命令し、これに対してクリスチャンの子どもたちが参拝しなかったためにワイドナー先生と美濃ミッションがたいへんに非難され、迫害されたのです。

この問題は三年後には、「神社参拝拒否事件」として全国に大々的に報道され、日本の教育史上の大問題となりました。

事件の発端

一九三三年四月、樋口ふじのさんが美濃ミッションの聖書学校に入学しました。彼女の夫は天に召され、小学六年生と五年生の息子二人を連れての就学でした。二人の男児は大垣市の東小学校に転入しました。

大垣市内の小学六年生は、伊勢神宮へ参拝旅行の計画があり、担任の教師は「参拝

迫害された母子たち

できない者は手を挙げよ」と尋ねたところ、樋口繁実君が手を挙げたので、校長室へ連れて行かれ理由を問われました。繁実君は明確に「伊勢神宮は偶像だから参拝しません」と答えたので、堀部校長は激怒してしまいました。

母親が呼びつけられましたが、やはり「キリスト教信仰上、神ではないものは拝まない」と答えましたので、母子の所属する美濃ミッションを攻撃する記事が新聞に出て、それまで三年間くすぶっていた迫害の火が、一気に再燃し始めたのです。

前回の神社参拝拒否事件のあった大垣市中《なか》小学校の大野校長は、この迫害に加担し、美濃ミッションの幼稚園強制閉鎖のために行動を始めました。

七月には、市民も運動に加わり、美濃ミッション信者の路傍伝道を妨害しようと、ビラまで配ったりしましたが、その当日、七月十六日は大雨が降りました。

暴徒の乱入

そこで次の日曜日、七月二十三日の路傍伝道の現場は、妨害の人たちであふれていました。集会を始めても妨害されたので、伝道師や信徒たちは中止して、美濃ミッション本部へ引き上げました。

初期の頃から活発に行った路傍伝道もしばしば妨害された

ところが群衆は、美濃ミッション本部の入口までようすを見るために集合して来ました。ある人が、「中から外に向けて伝道できるよ」と言ったので、木箱を演台にして讃美歌を始めました。そのため、門前の人数がさらに増加しました。

やがて敷地内に何人かが入って来て、信者たちを殴り始め、演台に立っていた人は、突き飛ばされてしまいました。そして万歳の音頭を取ろうと、木村という青年がその台に上りました。「大日本帝国バン……」まで言った時、ベティは駆け寄って行き、阻止するために、その木箱を動かしました。不意を食らった木村は、仰向けに倒れました。ベティはケガをしたか、ちょっと心配しましたが、彼はすぐに起き上がり、ベティを殴ろうとして立ち向かってきました。

ベティは腕を組み、「ここはミッションの所です。それを許しません」と言いました。木村は怒って握り拳で頭を殴ろうとしたので、体をかわすと拳が肩にあたりました。

その時に、ようすを奥で見ていたワイドナー先生が、「アメリカ婦人を叩いた人の名をとらえなさい」と叫びました。

暴徒たちは逃げ去り、私服・制服の警官たちが駆けつけました。

ベティが不思議に思ったのは、次の三点でした。
①門内に乱入した暴徒に、なぜ私服警官が混じっていたか?
②門前待機の制服警官も私服警官も、なぜ暴行を止めず傍観していたのか?
③日頃「オイ、コラ!」と威張っていた警官がなぜ、こんなに心配そうな顔をしているのか?
上官らしい人が困惑の表情でワイドナー先生に話しかけ、皆の目がそこに注がれています。「領事館へは連絡しません」とワイドナー先生の声が聞こえ、警官たちの顔から心配が消えました。

外交問題?

ベティが叩かれた時、「アメリカ婦人を叩いた人の名をとらえなさい」とワイドナー先生が叫んだので、警官たちは恐れたのです。もしアメリカ領事が呼ばれ、これが外交問題になると、警官たちは居合わせたのに守らなかった責任を問われます。その上、犯人の引き渡し、賠償問題など、警察の名誉・信用の失墜は計り知れません。ワイドナー先生は領事を呼ばず、外交問題にせず、信仰のための迫害を甘んじて受けるほうを選びました（結果的にはこの後、警察は美濃ミッションの宣教師・信者を守る責務を負わされます）。

警官たちが引き上げた時、来日後まだ二カ月の宣教師ジェーン・アッカースが「次に入ってくる人を、私が捕まえて台の上に立たせよう。ベティがその台を引っ張って倒せばよい……」と身振り手振りで話すので、英語のわからない人たちまでドッと笑い転げました。しかしワイドナー先生は、「笑ってはいけません。皆ここに集まってください」と言いました。

命がけの大問題

ワイドナー先生は一同を見回してから、こう話しました。

「皆さん、これは命がけの問題です。私たちは日本の背骨に触りました。伊勢神宮に事が及んだから、私たちはいつ殺されるかわかりません。祈りましょう。」

一同は眼が開かれた思いで祈りました。その夜から衣服を枕元にそろえ、非常持ち出し品は、鞄一つにまとめて置くことになりました。

焼き討ち計画

翌日、七月二十四日の朝、大垣警察の署長が刑事を連れて現れ、「昨晩は大変でしたよ。美濃ミッションを焼き払うという計画がありましてね。鎮圧と警戒で我々は徹夜でした」と話したそうです。

当時の美濃ミッション本部は、土地も建物も戸田伯爵所有の家老屋敷を借り受けて使用していました。もし美濃ミッション所有の家であれば直ちに放火され、焼死者も出たことでしょう。しかし戸田伯爵の所有ですから、警察はどうしても守らなければならない大切なものでした。それで美濃ミッション本部に住んでいる人も、泊まっていた人も、全員が守られました。焼き討ち計画はその後もありましたが、神様に守られて無事でした。

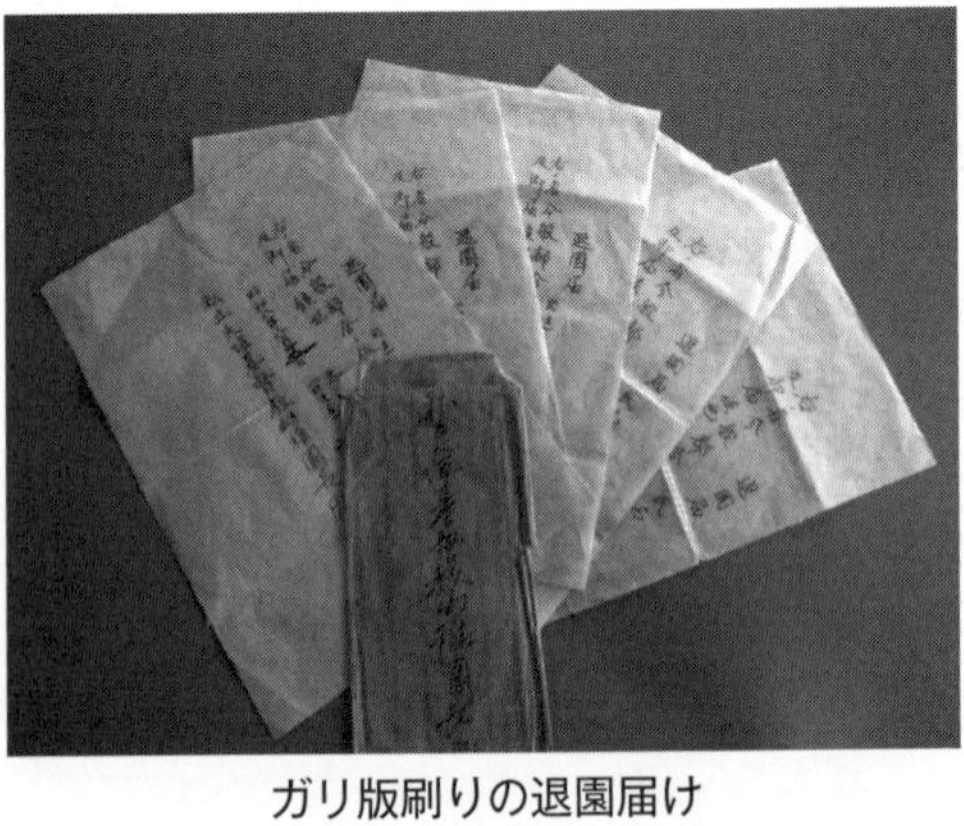

ガリ版刷りの退園届け

幼稚園閉鎖

ベティがワイドナー先生と一緒に経験した迫害の一つです。

西洋式の教育を求めて、美濃ミッションの「大垣基督教幼稚園」に幼児を通わせていた親たちに対して、「美濃ミッション幼稚園の卒園者は小学校に入学させせない」という弾圧が行われました。それによって一人、二人と退園者が現れ、ついに排撃活動家たちは、強制的に謄写刷りの退園届に、親子の署名と押印をさせて、美濃ミッションに送ってきたのです。これで園児はゼロ名、幼稚園は閉鎖に追い込まれてしまいました。

設立願書却下

さらに一九三〇年九月、岐阜県庁経由で文部省に提出してあったミッションと教会の設立願書が、三年経ったこの時、却下されました。

岐阜県庁での対話の中で、却下理由は「神社参拝を拒

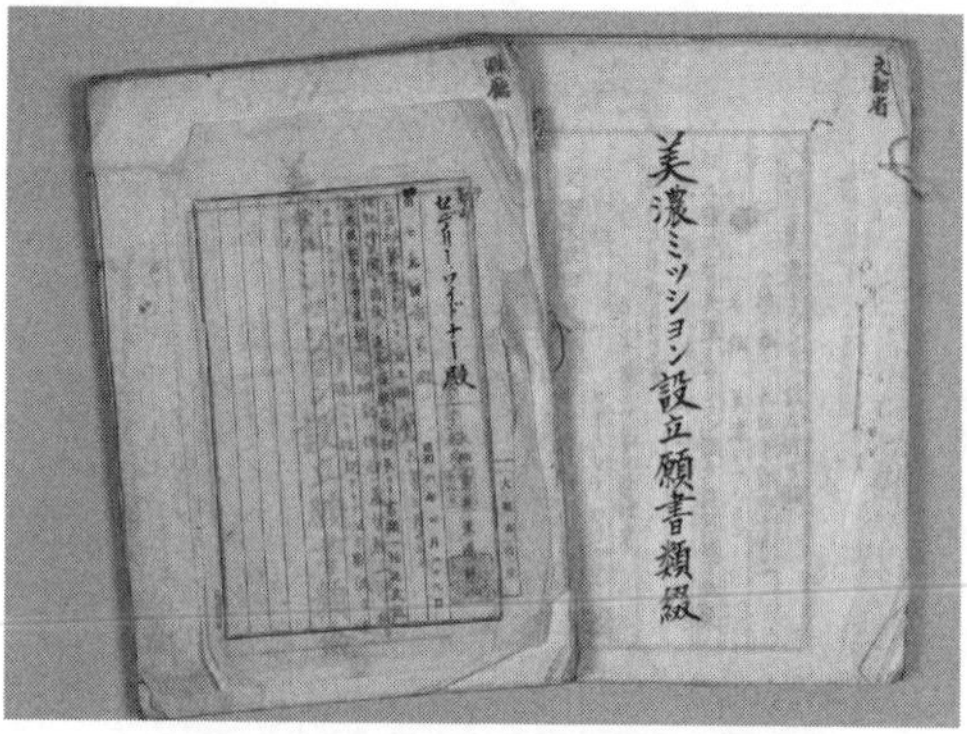

岐阜県知事名で却下が伝えられた
美濃ミッション大垣教会設立願書

否するから」と判明しました。

三学童の停学処分

一九三三年の迫害の発端となった伊勢神宮参拝を拒否した樋口繁実君とその弟清実君（小五）は東小学校から、ワイドナー先生の料理人の娘大井すみ代さん（小五）は中小学校から、停学処分を受けました。これは在籍のままの登校停止で、転校もできない意地の悪い処分でした。しかし三名は、横浜英和女学校付属小学校で義務教育を受け、中学校へ進学することができました。

美濃ミッションとその所属教会の設立願書が却下されたことにより、いろいろな問題が起きてきました。その一つは、美濃ミッションの看板をはずせという要求でした。

自分の手で美濃ミッションの看板を外すワイドナー

看板はずせ

ワイドナー先生は、山中・菊地・柳瀬の三牧師を伴って、岐阜県庁を訪れた時、北里学務部長が「美濃ミッションは法人組織ではないから、法律上、存在を認めることはできぬ」と言われました。

これに対してワイドナー先生は、「ミッションの看板は命令ならば自ら撤去します」と答え、大垣へ帰ると直ちに一同を呼び集め、ご自分の手で看板をはずしました。

その日は一九三三年八月十五日でした。そして、十二年後の同じ八月十五日には「神国日本」の看板が下ろされ、「思想・言論・信教の自由」が与えられました。

召喚事件

看板撤去の一週間後に、三児童の処分と召喚事件がありました。三児童についてはすでに紹介したので、召喚事件について述べます。

一九三三年八月二十二日の朝、大垣警察署から刑事が訪ねて来て、牧師たちに「本署に出頭せよ」と連絡しました。彼らは審問と待機の繰り返しで、夜十時過ぎまで留め置かれました。午後からは美濃ミッションに住む女性も呼び出され　合計十五人が取り調べを受けました。

ワイドナー先生とベティとジェーン・アッカースは一日中、祈って待ち続けました（その取り調べの要点や彼らの答えは『神社参拝拒否事件記録』に詳しく記載）。

讃美歌禁止令

さらに二十六日（土）、菊地・張・山中の三牧師に「大垣署へ出頭」を命じ、そこで「明日二十七日、日曜日には一切の集会を停止せよ」と命令しました。

牧師たちが「教会行事と信者個人が歌ったり、祈ったりするのは別だ」と説明しても、聞き入れてもらえませんでした。

午後、刑事がミッション本部へ来て「明日二十七日の日曜日、讃美歌合唱も禁じる」と繰り返し宣言していきました。

翌日、集会の時間に刑事がようすを見に来ました。信者たちは祈っていました。ワイドナー先生は廊下に出て「我らは唯一の真の神様に祈っています。これは聖書が命じていることなので絶対に中止しません」と刑事に話しました。

さて月曜日の朝です。数人の刑事が訪ねて来た時、ワイドナー先生はクリスチャンが当局から集会中に讃美歌を歌わないように要請されたのは一九〇〇年来日以来、ただ一度だけであったことを指摘しました。それは一九二六年に大正天皇が亡くなった時でした。

先生は静かな口調で、「昨日この家は、あたかも日本の天皇が亡くなったような雰囲気でした」と語った時、刑事たちは電撃的衝撃を受けたように居住まいを正し、自分たちの重大な過失を認めるかのように顔を見合わせてうなずき合いました。この後、讃美歌合唱禁止命令はありませんでした。よほど強烈なショックだったのですね。

刑事たちが出てからベティはワイドナー先生に語りかけました。

ベティ「あの話は前から準備されていたのですか?」

ワイドナー「いいえ、刑事たちが部屋へ入ってくる時、主が私に教えてくださいました。」

これについて聖書にはこのように教えられています。

「人々なんぢらに手をくだし、汝《なんじ》らを責めん……わが名のために王たち司たちの前に曳《ひ》きゆかん。これは汝らに証《あかし》の機《おり》とならん。されば汝ら如何《いか》に答えんと預《あらか》じめ思慮《おもんぱか》るまじき事を心に定めよ。われ汝らに、凡て逆う者の言い逆い言い消すことをなし得ざる、口と智慧《ちえ》とを与うべ

ければなり。」（ルカ伝二一・一二―一五）

正に「言い逆らえない言葉」が与えられたために、刑事たちは退散したのです。ベティは、この一件によってワイドナー先生に対する尊敬と信頼が増し加わりました。

なおも伝道

迫害で信者たちが負けないように、ベティは祈りました。「日本人は悪魔に騙されて偶像を神として拝んでいます。彼らに真の救い主を伝えるために機会を与えてください。」しかし、もう伝道ができなくなる、という心配は苦しい問題でした。

この迫害に屈せず、伝道が進みます。

美濃ミッション本部へ出入りする者は尋問されるので、求道者は近づかなくなりました。本部に寝起きする者の食料を買うにも、近くで売ってもらえず、遠くの店まで買いに行くという不便な生活でした。

名古屋のレストランで

ワイドナー先生はベティたちのため、ある日を買い物の日とし、名古屋まで出かけました。

ベティたちにとって、久しぶりの楽しい日でした。昼食のためレストランに入って席に着いた時、おもしろいものを見せようと、ベティが「ワイドナー先生！　ワイドナー先生！」と呼んだ途端に、周囲の席に着いていた人々が一斉に立ち上がったのです。中には露骨に不快感を表し、そのまま出て行く人たちや、離れて遠くの席に移動した人もいました。

ワイドナー先生は、「私の苗字を呼ばないで。ラジオや新聞で神社参拝拒否事件と、私の苗字は有名だから……」と小声で話しました。

名古屋市内でこの反応ですから、大垣へ戻るベティたちは、敵の陣中へ入って行く気持ちでした。

大垣市の外ならば

包囲の人数も減り、巡回の警官とも顔なじみになった時、牧師たちと次の会話がありました。

警官「大垣市内で路傍伝道も個人伝道も固く禁ずる。声を聞いたらすぐ人が集まるので、あんたたちを守ってやれんからな。」

牧師「……では、大垣市の外ならば伝道していいわけですか？」

警官「いいとは言わん。大垣市外の人々は市内の人のように、問題は起こさんだろうという
ことや。大垣では絶対、問題を起こさんといてや。頼むでなあ。」
うっかり口をすべらせたのか、こっそり教えてくれたのか？　いずれにしても、回復の機会
を祈って待っていた美濃ミッションの牧師・伝道師たちには朗報でした。

天からの賜物

以前、美濃ミッションの伝道のために、自動車と半年分のガソリン代が与えられたことを紹介しました。与えられたのはT型フォードで、一九二六年のことでした。

一九三二年、ワイドナー先生はアメリカへ帰って、伝道報告をしていました。ある教会では伝道のために何が必要かを聞かれ、次のようにお答えになりました。

「以前、ある教会から自動車をいただきましたが、日本の田舎道は狭いので、自動車よりもオートバイでサイドカー付きが大変便利です。」

その日、費用の全額が与えられました。頑丈な木箱に入れ、陸上・海運を乗り継いで到着までに時間がかかりましたが、思いがけない時に、サイドカー付きのハーレー・ダビッドソンが伝道を助けることになったのです。

北へ！　南へ！

当時、美濃ミッションは岐阜県高山市に近い萩原に教会を持ち、ここがさらに奥地への伝道拠点になるので、オートバイを萩原に置き、菊地三郎牧師が免許を取り運転しました。菊地牧師は毎月大垣本部で開かれる教役者会に出席し、その往復の途上でも福音を伝えていました。

岐阜県の道は川沿いに上流へさかのぼります。下流からオートバイの爆音を聞くと、子どもたちが集まり、喜んで話を聞きに来ました。

ベティが運転する自動車とオートバイで、岐阜県内は福井・富山県境まで伝道したので南進に転じました。三重県の桑名から海岸沿いに鳥羽まで伝道し、船で菅島・答志島へわたり、全家庭に福音文書を配布して大垣へ戻りました。

ワイドナー先生の念願「家から家へ、村から村へ福音を伝える」が実行され、迫害の時代でも続行できたのです。

あの激しい迫害のため再起不能と思われた美濃ミッションが二年後に牧師・伝道師・料理人・用務員とその子どもたちを集めて記念写真を写しました（下写真）。問題の発端となった樋口君（最前列左端）と弟はならんで座っています。同じ停学処分を受けた大井すみよさん（中央立姿右端）と母親の大井くら代さん（娘の左）が並んでいます。

これは、ワイドナー先生（美濃ミッション創立者）の来日三十五周年の記念写真です。この物語の主人公、ベティことフィウェル先生の姿が見えません。実は伝道報告のためにアメリカ旅行中でした。またミラー先生も、高齢で身寄りのない御両親の看病のため帰国中でした。

「聖書の光」発行

岐阜・愛知・三重県下で配布したパンフレットによっ

て、質問状がたくさん来るようになりました。このため、以前から必要と考えていた機関紙を発行することになりました。聖書学校の校長であった山中爲三先生が編集・発行を担当し、サイズは現在と同じA４判８ページで総ルビ（全部ふりがな付き）でした。第三種郵便の認可を取り、毎月発行でした。

聖句を書いた大看板を各所に立てた

聖句看板

美濃ミッションは、以前から聖書のみことばを電柱に広告していました。当時は木の電柱で、聖句を墨で書き、ノミで彫り、墨を流し込むので、電柱が朽ちるまで人の目にふれました。今度は多数の人々が集まる観光地に、畳三枚分の大きな看板を立てました。その中の一つが近鉄養老駅構内に立てられました。

看板の効果

伝道報告から日本に戻ったベティは、三重県桑名市へ派遣されました。美濃ミッションが桑名市外堀に二階建て一軒を借り、桑名伝道所が始まったのです。

このためベティは、会計や書記としての仕事のため大垣へ行くのに養老線を利用しました。当時は（今でもそうですが）大垣から桑名へ行くつもりで乗っても、養老止まりで降ろされ、次の桑名行きの電車が来るまで三十分ほども待たされるのです。よく調べて乗ればよいのですが、早足で駅まで来て、間に合ったと乗り込んだのが養老止まりということがあります。

ある日のこと、ベティは養老止まりで降ろされました。ほとんどの人は自宅へ向かい、電車を待つのは二人だけでした。その人は黒い衣を着て、頭は青く剃った尼僧でした。ベティは話す機会を待ちました。やがて彼女は柵のほうへ歩き、聖句の看板を見つめていましたが、急に激しく泣き出しました。ベティは近寄り、声をかけました。尼僧は「死にたい！　けれども死んだらどうなるのか……」と言いました。ベティは聖書から救いの道を教え、「私は桑名におります。来たらもっと教えてあげます」と言って別れたのです。

三カ月後、黒衣で頭髪の伸び始めた尼僧がベティを訪ねて来ました。一日中質問をしたのち、黒衣を脱ぎ普通の服に着替えて、喜んで家路につきました。

（後日一九五七年、筆者は養老線沿線を伝道中、この婦人に会い、ベティ先生と再会の連絡を取りました。）

一九三七年七月、日本は中国への侵略戦争を始めました。このため、日本各地で「出征兵士を送る行事」が頻繁に行われるようになりました。

兵士を呼び集めるために出されたのが召集令状で「赤紙」と呼ばれました。これが配達されると、家庭事情などは一切認められず、指定の場所まで行かねばなりませんでした。そして、その先は中国の最前線へ送られるのでした。無傷で帰る確率はとても低かったのです。

ふたりの青年

そんなある日、美濃ミッション桑名伝道所へ青年が二人で訪ねて来ました。その心配そうな顔を見た時、これは冷やかしではない、とベティにもわかりました。招かれていすに腰掛けると、すぐに一人が話し始めました。

「私たちはもうすぐ戦場に駆り出されます。生きて帰れる望みは薄いのです。だから人間はなぜ死ななければならないのかを知りたいのです。また死んだ後に何が起こるのか？　死の恐れから解放される方法があるのでしょうか?」

「死の原因」「死の恐れからの解放」の二つとも、ベティが得意とする主題でした。二人の前に一冊ずつ聖書を置き、一節ずつ読ませて解説しました。

まず創世記一章から二章を読み、天地創造と人間の創造を学びました。さらに三章に進んで人間の堕落を学びました。そして、ロマ書五・一二を読みました。

「……一人の人によりて罪は世に入り、また罪によりて死は世に入り、凡《すべ》ての人罪を犯しし故に、死は凡ての人に及べり」。ここからアダムの罪と、人類の死との関係を学びました。

そして「一たび死ぬることと死にてのち審判《さばき》を受くることとの人に定《さだま》っていることを、へブル書九・二七から教えました。夜が更けたのでベティは彼らを帰らせましたが、彼らは確信を持って聖書を学びに通いました。

二人はついに罪の赦しを受け、救いの確信を持って戦場に向かいました。この中の川寄《かわさき》さんは生還され、山本さんは中国で戦死されました。

国民儀礼

戦争が激しくなるにつれ、宣教師と接触する人には特高がつきまとうようになりました。特高とは、警察内に設けられた思想犯取り締まりの特別高等課の略称でした。特高にあれこれ質問されるので、信者たちの足は宣教師の居る教会からは遠ざかりました。

その追い討ちが「国民儀礼」でした。これは、戦争遂行のため国民の思想統一を計ったものです。その内容は「国歌斉唱・宮城遙拝・必勝祈願・戦没兵士のための黙禱」でした。「これを少人数の会合であっても、まず実行せよ」との要求でした。

このため会社・学校などは朝礼の時に実行されました。町内会の会合も、まず国民儀礼でした。一九四一年から敗戦までの期間、キリスト教会の集会中に特高刑事が現れ、国民儀礼の実施状況を視察したと報告されています。

教理声明書と離反者

美濃ミッションでは宣教師・牧師・伝道師が毎月一回、祈りと相談のために集められました。その中でも一月の会合は重要でした。毎年一月には教理声明書を朗読し、これに同意する者が署名していたのです。ベティも署名しました。

美濃ミッションの教理声明書は以前十三条でしたが、「神社参拝拒否事件」の後、十四条が加えられました。第十四条「吾人は、主イエス・キリストに在る真の信者の、凡ての偶像礼拝

（神社参拝も偶像礼拝なり）と少しの関係をも有するべからざることを信ず」とあります。

一九三九年一月、ワイドナー先生は宮城遙拝についてこう話されました。「この宮城遙拝は偶像礼拝そのものであり、真の信者はこれを拒否すべきである。また学童が毎朝・毎夕行われる御真影（天皇の写真や肖像）に対する拝礼も、同様に偶像礼拝である。子どもを学校に通わせている牧師たちはこの際、はっきり信仰を表すように……。」

これを聴きながら牧師たちは、ワイドナー先生の話は正当であることを認めつつも、これを実行することは、殉教を意味するから、尻込みしてしまいました。結局は十一人中、署名しない者は八人で美濃ミッションを離れ去り、署名して残った者は三人でした。

人がつまずいて倒れるところを横から見ると、次のようです。右足がつまずくと前のめりになり、左足が出て支えようとするが膝をつく。それでも支えられずに手をつき、最後に全身が路上に投げ出されるという姿です。

悪い時には悪いことが重なって起こります。個人でも団体でもこのような経験がしばしば起きます。最初のつまずきがなければ……と思うことがあります。

一九三九年は美濃ミッションにとっても、ベティにとっても苦難の続く年でした。

ワイドナー先生は、離れていった彼ら八人のためにたいへん悲しみ、毎日祈っておられました。食事も仕事もできない状態が続きました。この一件は、先生を心身ともに疲れさせ、弱らせてしまいました。

脳内出血

ついにある日、ワイドナー先生が倒れ、半身の自由が利かなくなっているのが見つかりました。先生は一八七五年生まれで、当時六十四歳でした。そのころは頭部のレントゲン写真も撮れず、病名も「中気」と呼んでいました。

ワイドナー先生は、病気やけがによって呼ぶ医師を指定していました。この場合は、神戸に住むドイツ人の医師でした。ベティは電話で症状を告げ、往診を願いました。医師は応急処置を指示し、注意を与えました。

とにかく医師が診察しやすいようにベッドを動かしてから、先生をベッドに寝かせました。

ベティの失敗

ベティは事務的才能（速記・文書タイプ・簿記）では優れていましたが、家事は下手で、看病・介護は大の苦手でした。

ベティは落ち着きなく先生の部屋を出たり入ったりしていて、ドンとベッドにぶつかった時、枕元にあった花びんが倒れてワイドナー先生の頭に当たり、頭皮が切れて血が流れました。拭いても、拭いても血が止まりません。祈りつつ医師が着くのを待ちました。

神戸から大垣まで三時間かかってその医師が到着された時、ベティは小声で、「……頭にけが……出血が……」と語りました。医師は厳しい表情で脈をとり、血圧を測りました。

けがの功名

医師はベティに話しました。

医師「けがの功名だ！」

ベティ「エッ、何ですか？」

医師「けがの功名だよ。出血によって血圧が正常値に近くなっている。神の御手による応急処置だった。」

帰国と太平洋戦争

帰国の決意

しばらく後、ワイドナー先生は残っている者たちを呼び集めて話しました。

「私は伝道するために日本に来ました。しかし、この病気のために伝道できません。体が快復するために時間が必要です。その間、私の看病のために宣教師が伝道を止めるのは良くないです。私は米国へ帰るのが神の御心と信じます。」

にわかに忙しくなりました。船会社に連絡したり、荷物の整理も始まりました。船会社からの案内を検討した結果、一九三九年十二月の船便で、ベティがワイドナー先生に付き添って帰国することになりました。三人の牧師の活動資金をできるだけ多く残すことが、ベティの仕事でした。

ワイドナー先生が病に倒れた日、ベティはアメリカのハリー・スミス氏へ電報を発信しました。スミス氏は、美濃ミッション開設当時からワイドナー先生の支援者でした。スミス氏は直ちに「ワイドナー師倒る、祈りを願う」という電報を、全米の支援教会、個人の支援者に知らせました。

謎の小切手

ワイドナー先生のところへ見舞状が来るようになったのは、帰国の日が近づいた頃でした。ベティは配達された外国郵便をワイドナー先生の枕元で開封して読みました。また、返信は即答か、後ほど印刷の手紙でよいかを聞いて書き込み、分類しました。ただ驚いたことに、どの封筒にも小額の小切手が同封してあったのでした。

円・ドル交換の際、小額小切手は一枚ごとに手数料をとられるから損になります。今までは小額小切手はまとめてスミス氏の元へ送って預金し、そこから五百ドルとか千ドルの小切手を送ってもらうという方法をとっていました。今回はその方法はとれません。ただ小切手を束ねて持ち歩かねばなりません。「なぜ、こんなにたくさんの小切手が来るのか」とベティは不思議に思いましたが、後日、神様の配慮と備えとわかるのです。

重要書類・証拠品

伝道報告の一時帰国と違って、病気療養の一時帰国となると、重要書類の取り扱いが問題になります。また、後日のためにと保存している迫害の証拠品も、どうするのかが問題になりました。

ワイドナー先生は「全部、持って帰る」と決めました。これは賢明な選択でした。もし、日本国内に置かれていたら没収され、あるいは焼却され、二度と手に戻らなかったでしょう。

神戸で乗船

当時、日米間を結ぶ北太平洋航路の船の多くは、横浜で折り返しでしたが、ある船会社には神戸折り返しで、横浜に寄港してアメリカへ向かうのがありました。

今回はワイドナー先生の病気のため、乗船に十分な時間をみなければならないので、停泊時間が長い神戸で乗船と決まりました。鉄道の乗り継ぎも神戸が有利でした。病人を連れて船に乗ると、いろいろな手続きが必要です。事務長に二人分の乗船券を示しながら、病人の現状をベティが話すと、すぐ船医が来て診察しました。船医からの指示で、病人食は給仕が運んでくるといった具合にテキパキ処理されました。

横浜での見送り

「ワイドナー師、病気療養のため一時帰国」との通知は、関係者一同に出してありました。しかし、関東地方の宣教師・牧師・信者には「プレジデント・クリーブランド号で横浜寄港。後、米国に向かう」と重ねて案内を出しました。

船は積荷や天候によって遅れることがあります。新聞の「出船・入船欄」に目を光らせたり、船会社に毎日電話をかけたりします。こうして確認した情報は、互いに知らせ合ったりします。せっかく横浜まで来たのに、停泊時間が短いため船内立ち入りが許可されないこともあります。それにもかかわらず、お世話になった先生に一言御礼を言いたいと、人々が駆けつけてくれましたが、人数の記録がないのです。

この見送りから三十年目の一九六九年、山中爲三先生から筆者は伺いました。山中先生は一九三三年の迫害の時、美濃ミッション聖書学校の校長でした。その後一九三六年に渡米し、約一年後に帰国して東京在住中で、ちょうどワイドナー先生を見送るために、横浜へ行くことができました。

「……船室のワイドナー先生を訪ねると非常に喜ばれ、私の右手を堅く握って『ミスター・ヤマナカ！　家から家へ、村から村へ福音を伝えてください』。三十年経った今も、その声が響くよ。」

見送りの人々をあとに汽笛を鳴らしたプレジデント・クリーブランド号は、アメリカへと出港しました。

突然、ニッコリ

ワイドナー先生を見送るために船まで来た人の数は、予想の倍以上でした。その一人ひとりに握手をし、励ましの言葉をかけたので、お疲れになったのでしょう。休んでいるのでベティも休もうと考え、先生の顔をのぞき込んだ時、突然、ニッコリと笑って「ママ！」と言われました。幼少時に両親と死別した先生は、妹とともに姉に育てられましたので、「ママ」とは実姉のことでした。

そのまま眠っているので、ベティも眠ることにしました。

天の御国へ

翌朝、ベティが目を覚ましてワイドナー先生の名を呼んでも返事はなく、近寄って見れば昨晩の笑顔のまま冷たくなっていました。

それは「われ善き戦闘《たたかい》をたたかい、走るべき道程《みちのり》を果《はた》し、信仰を守れり」（テモテ後書四・七）との聖句通りの生涯であり、最期でした。まさに天の御国への凱旋でした。一九三九年十二月二十四日のことでした。

ベティは感傷に耽《ふけ》る時ではないと気づき、事務長に連絡したところ、船長と船医が部屋に来ました。まず船医が死亡確認をし、次に船長がベティに尋ねました。

船長「水葬になさるか？　アメリカへ運んで埋葬なさるか？」

ベティ「もちろん、先生の故郷オハイオ州へ運んで埋葬します。」

船長「了解、すぐに遺体の処置をして棺に納め、アメリカへ着くまで一部屋を貸し切りとします。費用については、事務長から連絡します。早速あなたも部屋替えの準備をしてください。」

遺体の処置とは、血液を抜き取り、代わりに防腐剤を血管に注入して腐敗を防ぐという処置です。

無言の帰国

ボーイが「明日は入港です。荷物をまとめて下船準備をしてください」と告げてまわりました。

ベティは、先生の遺体のことやたくさんの荷物のこともあり、どうしたらよいか事務長に尋ねました。その答えは「この度のことは、船長自ら船会社に電報で鉄道会社への連絡を依頼したので、心配ありません」とのことでした。

船は湾内に入り、速度をおとして岸壁に近づきました。ふと見ると、目の前の港湾事務所の旗竿の星条旗が、少し下げて止めてあるのに気付きました。港の他の建物でも全部半旗にしてあったのです。

忠実に神に仕えた宣教師の無言の帰国を、半旗をもって迎えるように、関係者の心に働きかけてくださった神様にベティは感謝を捧げました。

オハイオ州へ

ワイドナー先生の遺体を納めた棺は吊り上げられ、引き込み線に停めてあった客車に乗せられて、駅へ回送されました。

ベティは港湾事務所において船会社・鉄道会社への支払いを全部すませましたが、あの小切手はまだ手許に残っていました。

西海岸出発から約六十時間後、列車はオハイオ州に入り、ワイドナー先生の故郷ティフィンに到着しました。一月十一日木曜日になっていました。

墓地ではまた、他の問題が待ち受けていました。ベティが棺のサイズを知らずに、普通サイズの墓穴を注文していたのですが、船で準備された棺は、実に豪華な特別サイズのものだったのです。そのためにコンクリート仕上げまでしてあった所を取り消し、別の穴を準備してもらわなければなりませんでした。

故郷オハイオ州にあるワイドナーの墓石

ワイドナー先生の葬式は、一九四〇年一月十二日金曜日、午後二時から、セカンド・エバンジェリカル・リフォームド教会にて行われ、その日のうちにグリーンロウン墓地に埋葬されました。

葬式保険について

埋葬が終わった時、一人の青年がベティに近づいてきて、「私はセディの甥です。叔母を最期まで世話してくださり感謝します。つかぬことをうかがいますが、葬式の費用はどれほどかかりましたか」と尋ねました。

ベティは遺体の処置・棺代と船室貸し切り料、大陸横断鉄道の客車一輌の貸し切り料、それに墓穴取り消しと穴掘りの会計をまとめて答えました。彼は「ホウ、それは私の見積もりの三倍ですね」と言い、次の話をしてくれました。

「私は保険会社に勤めています。日本に出発する前、叔母に『葬式費用保険をかけましょうか』と話したところ、『サラリーマンならその準備は悪くないが、私は生きている間も、葬式も、すべて神様に頼っています。あなたはジブラルタルの岩（その保険会社のロゴ）に頼っているが、私は千歳《ちとせ》の巌《いわ》である主イエス様に頼っています』と言われました。今聞いたところ、叔母の勝ち、私の完敗です。」

ベティは、帰国直前に届いた大量の小切手は、葬式その他のすべての必要のために与えられたことが、この時にはっきりと理解でき、主に感謝しました。

蓄積疲労

ワイドナー先生の遺体の埋葬が終わった時、ベティは立っていることが難しいほどの疲労を感じていました。思えば長い半年間の看病、そして最後は船と汽車の旅でした。

事情のわかる人が招いてくださるので、「三日ほど夜昼休めば疲れがとれるだろう」との勧めに従いました。ところが一週間経っても、一通の手紙すら返信する気力がないのです。十日目には心全体が黒雲に包まれたようになり、それが語りかけてくるのです。

「おまえは高血圧で、ワイドナー先生のように動けなくなる……。」払いのけようとしても、つかみ所がないもので、続いてそこにいては同じ言葉を語り続けるのです。

ベティは幼少時に死の恐れにとりつかれ、二十一歳の時、主イエス・キリスト様を自分の救い主と信じて、死の恐れから解放されました。その時から死を恐れなくなりましたが、悪魔は上手に人の弱みにつけ込んできます。ベティは、まだ四十歳になっていませんでしたが、「高血圧……ワイドナー先生のように……」は、心身ともに弱っているこの時には、ずっしりと効きました。

臆する霊を追放

毎日この黒雲と戦いましたが、相手はますます強くなりました。

ある日、ベティがぼんやりと目を向けていた聖書の箇所が、光に照らされているように見えました。「神の我《われ》らに賜《たま》いたるは、臆《おく》する霊にあらず。」（テモテ後書一・七）「臆する霊」は神様からではない。そうすると、どこから来たのか？ 悪魔からです。では、どうすればよいのか？ ベティは今までに学んだことを復習した後、聖書の教えどおり実行しました。ヤコブ書四章七節に「汝《なんじ》ら神に従え、悪魔に立ち向《むか》え。さらば彼なんぢらを逃げ去らん」とあります。

ベティは、まず神様に祈ってから立ち上がり、悪魔に対して「退散せよ」と命じ、臆する霊には「追放する！ 二度と私を煩わすな」と宣言しました。

心に喜びがあふれ、身体に力が漲《みなぎ》りました。寝込んでから一カ月目の解放でした。

教会歴訪

心身ともに新しくなったベティは、かねてから招きのあった教会へ連絡をとり始めました。

ワイドナー先生や美濃ミッションを支援していた教会は、別の宣教団体をも支援していました。美濃ミッションからは「学童の神社参拝拒否により、迫害されているから祈ってほしい」との知らせがあり、他方では「美濃ミッションのやり方が下手で問題が起きた。我々の所では何も問題はない」と言っているが、日本では何が起きているのか真相を知りたい、とのことでした。

ベティは真実を話しました。「神社参拝は偶像礼拝です。十戒の第一戒・第二戒を見れば、クリスチャンは神社参拝をしてはいけないとわかります」などと話しましたが、信じてもらえませんでした。

朝鮮半島からの報告

学童の神社参拝を日本全国に広げた文部省は、朝鮮半島での神社参拝が命令どおりに行われていないことを見て、各学校に厳しく実施を迫りました。この時、ミッションスクールを経営していた宣教師たちは、学校を閉鎖して帰国しました。

迫害は日本政府主導のもので、朝鮮半島では多くの牧師・伝道師たちが殉教したことが全米に報告されました。そして美濃ミッションが受けた迫害は、信仰の正当性を証明したものと認められました（米国内での投稿などは『何を予期すべきか』に詳しく記載）。

開戦前夜

ベティはまた、教会訪問が増えて忙しくなりました。一九四一年十二月上旬、シカゴの大きな教会へ話しに行きました。

集会の一時間前、牧師がベティに言いました。「大変だ！　日本軍が真珠湾を攻撃した！」

卑怯な奇襲

「日本軍がハワイの米軍基地に奇襲攻撃をした」と聞いたベティは、「オー！」と言うだけでした。それで牧師が「今日の宣教報告は中止にしましょう。多くの人々が卑怯な奇襲攻撃に対して怒っていますからね」と言いました。

この時ようやく、声が出るようになったベティが言いました。

「私は今日、どうしても話さなければなりません。日本がなぜ卑怯な奇襲攻撃をしたかを皆さんに伝えなければなりません。」

ベティの熱意を見て、牧師は「では祈って、集会を始めましょう。結果は主に任せて」と言いました。

讃美歌合唱と祈りの後、牧師に紹介されたベティが講壇に進んで、口を開きました。

「愛する皆さん！　日本軍がハワイの真珠湾を奇襲攻撃したと聞きました。どうしてこのようなひどいこと、卑怯なことができるのでしょうか。皆さんご存じですか？　私にはわかります。それを伝えるためにここに立ったのです。

私は日本へ行く前に「日本では木や石で像を作り、それを神として拝み、命をささえそれに捧げる」と聞いても信じられませんでした。日本へ行って、何千人、何万人が、実際に偶像を拝むのを見て、言葉もありませんでした。日本人は悪魔によって盲目にされているのです。彼らの目が開かれるために、真の神様に祈らなければなりません。」

多くの人々がうなずいて聞くようになり、話の終わりには、ベテイに握手を求める人の列ができました。彼らは「日本人の目が開かれるために祈ります」と言いました。

戦時抑留者

アメリカ合衆国政府は、戦争が始まるとすぐに、令状を出して日本人一世を収容所へ入れました。スパイ活動を防止するためでした（戦後、米議会は抑留者に補償を行いました）。

収容者たちは、外部連絡をすべて絶たれ、暇を持て余していました。彼らに聖書を教えるように、主はベティを導かれました。

ベティはニューヨークのエリス島収容所を訪れ、「抑留中の希望者に聖書を教えたい」と申し出ましたが、「ワシントンの許可が必要」と言われました。ベティは言われた場所へ出かけ、思ったより簡単に許可を取って帰ってきました。

ところがエリス島収容所所長は、「集会には監視者が付き、英語のみを使用、他国語は許さない」と言うのです。ベティは「讃美歌・祈りは英語でも、彼らは聖書を日本語で読み、また解説を日本語で聞くべきです」と主張しました。すると所長は「彼ら日本人は聖書の話など聞きたくないよ」と言いますので、ベティは「彼らに聞きましょう。聞きもしないで勝手に決めてはいけません」と言いました。

所長が収容者を集めて「聖書の話を聞きたい者は……」と尋ねると、大勢が「ハーイ」と答え、続いてベティが「聖書の話を日本語で聞きたい人は……」と尋ねると、大勢が「ハーイ」と答えました。

これで始めと終わりは英語で、聖書研究は日本語でと決まりました。主題・引用聖句は監視者が記録できるように、英語で知らせました。

好評の聖書学習

ベティが教えるバイブル・クラスは、回を重ねるごとに人数が増えました。本当の救いを体験する者が続出しました。関さんという仏教の僧侶が、主イエス・キリスト様を救い主として信じ、新生を経験しました。

エリス島収容所のバイブル・クラスで聖書を学んだ人々は、ベティの功績をたたえる感謝状を作り、大勢が署名しました（下写真）。その中に、「ホーゼン・セキ」という名前があります。

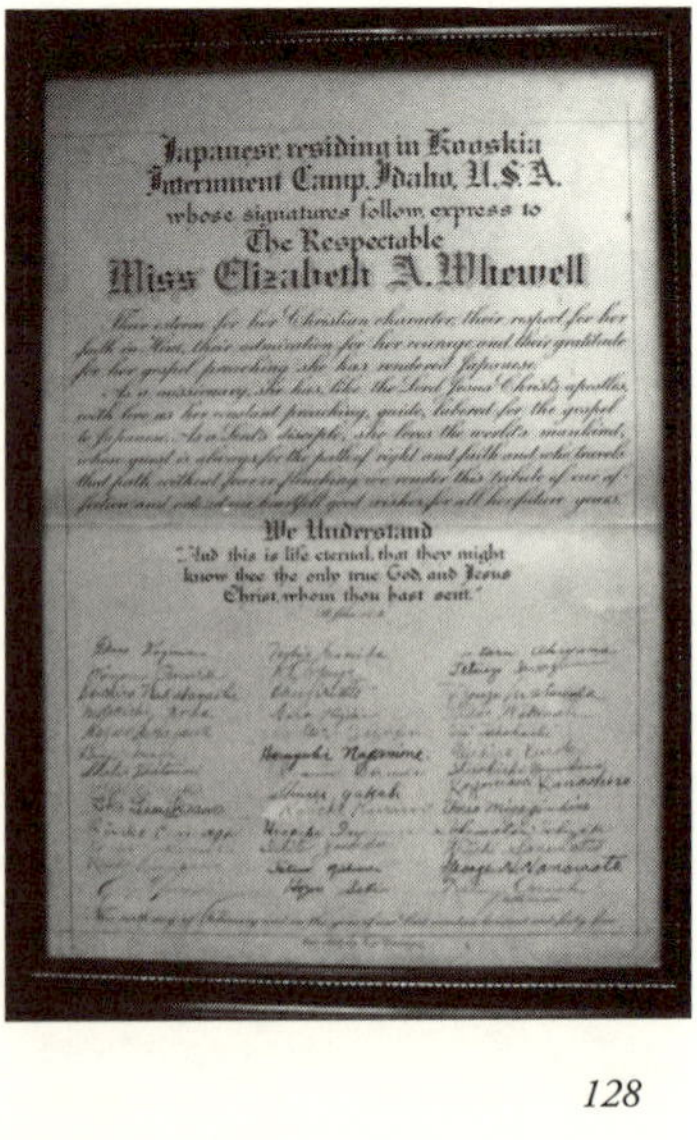

四つの収容所

エリス島収容所の聖書学習が軌道に乗った時、ベティは他の三つの収容所でも聖書を学びたい日本人のために道が開かれるように祈りました。そして、主は道を開いてくださったので、実行に移しました。

一カ月一回を目標に、四つの収容所を巡回して聖書を教えてまわる計画は大変でしたが、戦争が終わるまで続けることができました。

熱心な求道者

ベティが教える聖書クラスでは、毎回質問が出ました。彼らは真剣に聖書を読んでいて、感じた疑問に聖書の答えを願うのです。

日本でこの年輩の人は、心も頭も固くなっていて人の話を聞きません。この人々は英語も不十分な時に渡米し、仕事一筋に打ち込んできたのでした。収容所では外部との連絡は許されず、ようやく自分自身の人生について考える機会が与えられたのです。

だからベティは、難しい質問にも「それは良い質問です。この次までによく調べておきましょう」と答えました。すべての質問に対する答えは聖書にあります。「隠微《かくれ》たる事は我《われ》らの神ヱホバに属する者なり、また顕露《あらわ》されたる事は……我らをしてこの律法《おきて》の諸《すべて》の言《ことば》を行わしむる者なり。」（申命記二九・二九）

降伏の時期

戦争の末期、一九四五年頃、「日本人はいつ、降伏するでしょうか」とベティは多くの人々に聞かれました。また別の人からは、「聞くところによると、日本人はなかなか降伏せず、闇に紛れて攻撃してくるので、占領しても平定するのには百年もかかると言われていますが、どうでしょうか」と聞かれ、ベティは「日本人の復讐心」について「よほどの大災害を受けなければ長期戦でしょう」と答えていました。

それが、あっさり日本が降伏したのですから驚きました。ベティの使命は、日本人に真の神様を示し、罪の恐ろしさを示し、「救い主はイエス・キリスト様、ただお一人である」と教えることでした。

「さぁ、戦争は終わった！ 次は伝道の再開だ。」ベティは手続きのために役所を訪ねました。

第三章　再び日本へ

備えられた出会い

美濃ミッションが戦前に働いた、大垣を中心とする地域へ行きたいと告げましたが、連絡があるまで待つように言われました。やっとパスポートが手に入ったのが、一九四六年九月九日でした。

指定の日に指示された場所へ出かけると、戦前のあの宣教師たちがひと群れ、ふた群れいるのです。

「やぁ、お元気でしたか？」

「いよいよですね」と、あいさつをかわしています。

彼らは以前の神社参拝拒否事件の時に妥協した人々で、彼らから悔い改めや謝罪の言葉を期待していたベティには、不満な再会でした。二週間も彼らと同船するのは苦痛だと思いましたが、先方も同じことを考えていたようです。

食事の後、ミーティングと称して、聞こえよがしに情報を漏らすのです。「昨日の電報によると、食糧不足は大変なようだね……」という風に。

ベティは部屋へ帰って祈り、神様から約束のみことばをいただきました。「かれ一生のあいだたえず日々の分を王よりたまわりて、その食物《くいもの》となせり」（列王下二五・三〇）。ベティはすぐに「主よ十分です、感謝します」と祈りました。

さて、今日はいよいよ横浜入港という朝のこと、隣の食卓のリーダーの声が聞こえます。「そこにあるパンを二つ三つ取って、バターやジャムをつけて持って行きなさい。」みんなが一斉に準備する音が聞こえます。彼らが立ち去った後、ベティもパンを準備してハンドバッグに入れました。

無事に横浜に入港し接岸すると、タラップが用意され、人々が手荷物を持って下船の順番を待っている時、長身の将校があいさつしました。

「戦前からの宣教師の皆さん、マッカーサー元帥は歓迎の席を準備されました。これより案内いたします。」そして「中部日本復帰第一号宣教団体、美濃ミッション代表者、エリザベス・アリス・フィウェル。」彼は、まずベティをエスコートして、タラップを降り始めました。

ベティたちを乗せたリムジンは、白バイの先導で歓迎会場へ直行しました。要務で忙しいマッカーサー元帥が、「宣教師の働きに大いに期待している」と語り、「今夜は揺れる船ではなく、揺れないこのホテルでお休みください」と歓迎のことばを述べて、次の要務に向かいました。

ベティは東京にいる間、電話をかけたり訪問したりするうちに三日目になって、ハンドバッグからすっかり乾いてしまった〝あのパン〟を取り出し、ゴミ箱へ捨てました。

ベティの生涯は八十七歳と十カ月でしたが、この時が彼女の人生の折り返し点、四十四歳でした。

主はベティを、約束どおりに養い守ってくださいました。

まず名古屋へ

たくさんの荷物を持っているベティは、名古屋の進駐軍が管理するホテルへ当分泊まることにして、そこから大垣へ出かけて建物を見つけようと考えました。

東京から名古屋まで大都市は空襲で焼かれ、復旧もまだできないままの姿を見て、ベティは涙を流しました。この不幸に苦しんでいる人々が「偶像を神と信じて拝み、従ったのが間違いであったと気がつくように」と、ベティは活ける真の神様に祈りました。

大垣へ

やっと大垣へ着きましたが、七年ぶりに見る市街地は、中心部が戦災で焼失していました。駅前通りを南に下って、元のミッション本部のあったところを捜しても、建物の跡形もありません。信者の兄弟・姉妹に連絡をしようとしても、手がかりすらないのです。その日は空しく名古屋へ帰りました。

一週間ほど、毎日大垣へ通ったある日、大垣駅から南に歩いている時に、後ろから走って追いかけてくる足音が聞こえました。「先生！　先生！」と声をかけるその人は大橋さんでした。この大橋さんの世話で、駅前通りの福幸堂という鞄屋さんの二階を借りて集会ができるようになりました。しかし、土地・建物はなかなか手に入りませんでした。

富田浜へ

大垣で土地・建物が手に入らないので困っている時、ベティは鈴木さんのことを思い出しました。一九三三年頃、ミッションの宣教師たちが三重県四日市市の富田浜にある別荘を借りて休暇中に伝道をしていたところ、鈴木さんが現れ、信者と名のり、ベティの桑名伝道所の集会にも出席されたからです。彼女を一度訪問しようと考え、富田浜へ行ったところ大歓迎され、早速近所の人々を呼び集めて集会を開くことになりました。その上、毎週来てほしいと頼まれたので、心は大垣に向いていても、顔は富田浜に向いているという姿でした。

ベティは決断して、鈴木さんの家で居室として六畳の洋間を、八畳と六畳を集会のために借りて、日曜と水曜の集会を始めました。

ところが翌年になると、ミラー先生が宣教師として来日するという連絡がありましたので、急いで大垣へ通って場所を見つけなければなりません。

大垣聖書教会

今までの祈りが答えられました。知らない人から、「美濃ミッションは、家を借りたいそうだが……」と声をかけられ、見に行くと「船町御殿」と

古い民家を買い取って再開された大垣聖書教会（大垣市船町）

呼ばれた古い民家でしたが、集会室も、二階に宣教師の居室もある所でした。ミラー先生の手にはその物件を買い取るお金もあり、こうして大垣市船町五丁目に大垣聖書教会が再開されたのです。ベティは大垣へ帰りたかったのですが、ミラー先生が大垣に配置されるのが主の御心と認めました。

ジェーン・スミスの来日

ドロシィ・ジェーンは、オハイオ州中央部コロンバス近郊の農村で、一九一五年一月七日、ハリー・スミスの長女として誕生しました。兄のホイットと、ジェームス、エドウィン、リー、ハリーの四人の弟たちに囲まれて、敬虔なクリスチャン家庭で成長しました。

ジェーン・スミス

父親のハリーは熱心なクリスチャンで、鉄道技師として働きながら、毎日、夕食後に家族を集めて聖書を読み、お祈りをするという忠実な信仰生活をしていましたので、ジェーンは七歳の時に父に導かれて、イエス様を信じる決心をしました。また父は海外宣教にも特別の使命を持っていて、単身で東洋の島国である日本に渡り、美濃ミッションを設立したワイドナー先生の後援責任者になっていました。

ジェーンは幼少から、ワイドナー先生の手紙をタイプして発送する両親の手伝いをして、宛名書きや切手貼りなどをしていました。また先生が帰国されると、よく自宅に滞在されたので、胸をときめかせて先生の話に耳を傾けていました。そして十歳頃には、宣教師になって日本に行きたいという希望を持っていましたので、ティーンエージャーになった時、若者たちの集会に出席して、生涯をイエス様に捧げて宣教師になる決心をしました。やがてサウス・キャロライナ州のコロンビア聖書大学で学び、一九三三年に修士号を取得して卒業しました。しかし体が弱かったため、海外での宣教活動には不適格と言われて、なかなか日本行きの道は開かれませんでした。

やがて太平洋戦争になり、さらに状況は厳しくなりましたが、彼女自身の健康が回復したので、一九四二年に中国奥地宣教団（ＣＩＭ）に、宣教師志願の手紙を出しました。しかし今までの病歴と、長引く戦争のために募集年齢を超えてしまうという理由で、不適格という返事が戻ってきて、またしても海外宣教の可能性は、閉ざされてしまいました。

ジェーンはオハイオ州マンスフィールドで、ゴスペルセンターのスタッフとして若い人たちの伝道に加わりました。また地元の学校から、聖書を教えてほしいという要請を受けて、定期的に教えていました。ちょうどその時、帰国中だった美濃ミッションの宣教師ミラー先生と出会い、ジェーンたちの働きを手伝っていただきました。

一九四七年一月、美濃ミッションのフィウェル先生から、ジェーンに招きの手紙が届きました。ついに長年の祈りが答えられ、待ちに待った日本へ行けることになり、準備を始めました。するとなんと、兄ホイットの奥さんになったエドナが、一足先に日本で宣教師として働いた経験があったので、渡日前に日本語の手ほどきをしてもらい、辞書など教材一式を譲り受けることができました。神様は実に不思議な方法で、すべての事を備えて導いてくださったのです。七月、ジェーン・スミスは、念願の日本の土を踏みました。

四日市市の追分へ

ベティにとって家探しは大変な仕事でした。思いついたの

海軍の建物を改装した追分教会

は、四日市市長を訪ねて世話をしてもらうという考えでした。これは後に、よい結果となりました。

戦前、海軍が燃料廠《しょう》を四日市に置いたので、海軍の建物がたくさんありました。市長は部下に命じて、ベティの希望する大きさの家を直ちに探し出しました。その家は小古曽四丁目の住居用一棟と、集会所・車庫・一部倉庫一棟の計二棟でした。

しばらくしてベティは、倉庫の一部を運転手の部屋に改造することと、盗難防止用に窓に桟を打つ必要があるため、大工を雇いたいと思いました。そこでまた市長室を訪ねて、「市長さん、大工さんを世話してください」とお願いをしたのです。

市長に大工の世話を頼むことは変で間違っているようですが、人間の間違いでも、神様の導きならば間違いでなくなるのです。この時の市長は友人二人とともに土木建築の会社をつくり、社長も兼務していたので、返事は「うちの会社から人を出しましょう」でした。その時、その小さな会社で働いていた大工は二人、筆者（石黒次夫）とその兄（石黒悦夫）だったのです。

ベティと石黒兄弟

追分教会の仕事

その日、四日市市長からベティへ「今日、材木を馬車に積んで出します。大工を二人行かせます」と電話がかかりました。その朝、兄と私は親方に「どんなに難しい仕事でもハイ、ハイと聞いて、言われるとおりにしろ」と注意されて出かけました。

約三キロ歩いて着いた所が、旧東海道の追分でした。分かれ道を右に進んで美濃ミッションへたどり着きました。私が材料や道具を下ろしているうちに、兄は間仕切りや運転手の部屋についての説明を聞いていたので、そちらの仕事にかかりました。

私は、ベティから手招きで窓の側へ呼ばれ、「三センチ角の棒を窓枠に釘付けしてほしい」と言われました。そこで長さを測って杉の角棒を切り、釘付けし、二本目は隙間をどれ程開けるのかを尋ねました。五本目まで釘付けしたところでベティは、自分で棒を押したり引いたり試しました。杉材は釘を打つとき割れやすいので注意したつもりだったのに、二カ所「やり直し」を命じられました。今度は釘を打つ時、割れないように錐《きり》で穴を開けました。当時は今のように電気ドリルがなかったので、手もみでした。

一カ所の窓を塞ぐのに二十六本の角材、窓は十六カ所で四百十六本の角材を釘付けし、全部試されました。

（その時にした仕事が、五十八年経た今も筆者の眼の前にあります。いつでも最善を尽くしておかねば悔いが残ります。）

半年あとで

ベティは大工たちの仕事がお気に召したか、同じ一九四八年秋に、「仕事があるから来てほしい」と石黒宛てにハガキが届きました。

そして一週間働いた最後の日、「主イエス・キリスト様は神の御子であり、私たちの救い主です」と教えた上、新約聖書を石黒兄弟に手渡しました。

聖書を手にした時、「これが小学校さえ行けなかったリンカーンを、米国大統領にした本なのか。よしボクは読むぞ！」と決めました。その日から実際に、寸暇を惜しんで聖書を読みました。

震災の福井へ

一九四八年六月二十八日に起きた福井地震は、全壊家屋三万五、四二〇戸、死者三、八九五人という大災害でした。福井は豪雪地帯なので雪が降る前に復旧を急ぎ、全国の大工が駆けつけていましたが、十月になって冬の接近で、さらに大工不足の声が高まりました。

福井へ出かけた友人から「石黒君、福井へおいで」と誘いのハガキが来たので、生まれて初めて出稼ぎの旅に出発しました。ところが名古屋駅で汽車を待っている時に、大工の親方風の人に声をかけられて、私はその人のところで働く約束をしましたので、誘ってくれた友人には、後で連絡することにしました。

福井駅に汽車が着いたのが午後七時になっていました。それから道具箱と着替えをかついで、夜道を二キロ以上歩き、ようやく飯場に入りました。そこでは荒くれ男たちが、連日酒を飲み、花札賭博やけんかをしていました。大工のけんかはひどいものでノミや金槌を振り回すのですから、危なくてたまりません。私は彼らに巻き込まれないように隠れて、ひたすら聖書を読むことに集中していました。

そんなある日、「我《われ》キリストと偕《とも》に十字架につけられたり……今われ肉体に在りて生くるは、我を愛して我がために己《おの》が身を捨てたまいし神の子を信ずるに由《よ》りて生くるなり」（ガラテヤ二・二〇）を読んでいるうちに、主イエス様を心に迎え入れました。

福井から帰宅したのは十二月中頃でした。年が明けて二月初めに、またベティから「仕事あり、来てほしい」とハガキが来ました。

信仰の公表

私自身は、すでにイエス様を信じているので、キリスト信者になっているつもりでした。しかし信仰を公表するのには、まだ引っかかる問題がありました。それは終戦後、大阪から引き上げてきた私の家族は、全員が天理教信者でしたが、父の故郷では村中が仏教徒で、〝同行入《どうぎょうい》り〟と言って改宗して、同じ宗旨の仏教徒にならない者は、村の火葬場を使用させないという取り決めがあったのです。そして当初は「ワシが火葬でも何でも、自分でするから大丈夫…」と啖呵を切った父が病気で急死してしまい、私たちは泣く泣く村の人たちに頭を下げて〝同行入り〟して、火葬場を使わせてもらったという苦い経験があったからです。

私はキリスト教で葬式をすることができるかを確認することが先決問題と考えました。そして仕事をするために追分に行った時に、まずベティに質問しました。

「先生、キリスト教で葬式できますか？　できるなら誇りをもって信仰を公表します。」ベティの返事は「オー、もちろん、葬式できます、心配いりませーん」でした。

「葬式ができますか、よかった！　先生、今晩私の家へ来て、聖書の話をしてください」とお願いしました。石黒の早変わりに驚きつつ、先生は電話で先約の集会を延期して、一九四九年二月の寒い夜、鈴鹿市箕田の石黒宅で、聖書の教えを伝えてくださいました。

戦前の迫害指導者が……

一九四八年初秋、ベティは岐阜県で、県の教育委員に立候補した大野富之助元校長（大垣中《なか》小学校）のことを聞いて、彼に立候補を辞退することを勧告していました。しかし彼は一切耳をかさずに委員に当選してしまいました。そこでベティは、岐阜県教職員適格審査会に提訴して、「戦前の迫害を首謀したような人が、何の反省もせずに、戦後も教育や指導にかかわることとは、民主化を阻害するものである」と主張しました。当時のことを知る岩本三吉先生なども、迫害事件当時のことを証言しました。

この問題は新聞紙上を賑わし、進駐軍と教育界を巻き込んで、約半年の審問や調査に発展しました。大野元校長は多くの目撃証言と明確な証拠が提出されても、自身の関与を否定し続けましたが、翌年七月四日、ついに文部省教職員適格審査委員会より不適格との判定が下され、失職しました。

一部の人たちの論評のように、ベティは戦前の迫害に対する復讐をしたのではありません。もし迫害事件の資料を保有している美濃ミッションの、当事者であったベティが発言しなかったならば、戦争の混乱と戦後のどさくさ、復興の勢いに流されて、忘れてはならない大切な歴史の事実も、うやむやにされたり、葬り去られてしまったかもしれないのです。数々の批判を浴びながらも、彼女は毅然としていました。

月一回の家庭集会

一九四九年二月に始まった鈴鹿市の家庭集会は、毎月の約束でした。三月のその日、ベティ先生は急用（実は葬式）で来られず、代わりにスミス先生と菊地先生が来てくださいました。そしてさらに、「四月は予定がいっぱいで来られない」とのことでした。

普通ならばこれで熱が冷め、教会へ来なくなりますが、心に燃えた「聖書を学びたい」という願いはもっと強くなりました。その当時、世間では失業者があふれていましたが、大工仕事はたくさんあり、月の一日、十五日が休みで、それ以外は休ませてもらえませんでした。自分が休むことによって迷惑がかかる場合、残業や徹夜をして誠意を示せば、日曜日に教会へ行くことができると考えました。

聖書のみことばから「なんぢ年若きをもて人に軽んぜらるな、反《かえ》って言《ことば》にも、行状にも、愛にも、信仰にも、潔《きよき》にも、信者の模範となれ」（テモテ前四・一二）と励まされました。

毎週日曜日に教会へ

教会出席は一九四九年五月一日から実行しました。鈴鹿市箕田から追分へは自転車で小一時間かかりました。

五月八日の朝、追分へ着いた時、ベティ先生は自動車で富田浜へ出発するところでしたが、「車に乗りなさい、一緒に富田浜へ行きましょう」と招いてくださいました。

ベティ先生は私に「富田浜へ来るように」とおっしゃるので、日曜日の朝晩と水曜日の祈禱会は富田浜へ出ることに

追分教会のメンバーたち

し、追分は火曜日の夜の聖書研究に出席することにしました。その後、木曜日に日曜学校教師会に出席し、さらに金曜日は午後三時で早退して、鈴鹿市道伯にある厚生寮で子ども集会・成人集会の聖書解説をしました。

仏僧から牧師

その頃のある火曜日、私は仕事の後、追分教会へ出席しました。ベティ先生、スミス先生、牧師、伝道師も総出です。

「今夜は何があるんですか」と尋ねると、「仏教の僧侶だった人が救われて牧師になり、日本全国を講演しておられる方が、ここで今夜お話をされる」とのこと。私はいつもの席に腰掛け、いただいた資料を見ました。

道簱泰誠《みちはたたいせい》師、元河内極楽寺住職、生家も寺、婿入りした先も寺……、仏典・経文の徹底的研究家……。

新来者の世話

集会が始まりました。最初の歌は起立して歌います。歌い終わって司会者の祈りの後、着席します。この夜は遅れて入る人が多かったので、司会者は遅れて入る人たちが着席するまで待ちました。

この時、ベティ先生が一人の老人を、私の隣に座るように案内して来ました。初めてお目にかかる知らない方でしたが、上品なおじいさんでした。私は快くお世話を引き受けました。

歌本を開いて手渡し、歌う所を指で示します。講話の中で道籏先生が聖句を引用されるごとに、素早く聖書を開いて手渡します。そのかたわら、自分用に話の要点はメモを取っています。

一時間ほどの話の最後に、道籏先生が自分の奥さんに信仰告白されたことが強く心に迫りました。「主イエス・キリスト様を信ずる、このほかに救われる道はない。これがわかった自分は寺に留まれない、寺を出る。おまえは寺つきの娘だ。わしについてくれれば苦労の道だが……どちらを選ぶか……。」奥さんの答えは「ついて行きます。子ども二人も連れて……。」

集会が終わって

講話が終わると、道籏先生にサインを求める人や、ベティに話しかける人々が、前の方へ進み出ました。隣にいた老人がベティと話しているのを見ましたが、もう電車の時間なので会釈だけして帰宅しました。
翌晩、ベティに「昨晩、隣に座ったのは誰か知っていますか」と聞かれ、「知らない」と答えると、笑いながら「四日市の市長さんでした」と教え、次のやりとりを聞かせてくださいました。

市長「私の隣にいたのはどういう青年ですか？　熱心ですね。聖書を開くのが早いので感心しました。」
ベティ「市長さん、あなた知らないですか？　あなたの会社で働いている大工さんですよ。」
市長「いやぁ、そうでしたか。私は会社へは顔を出さない名ばかりの社長なので、誰が誰か知らんので、そうでしたか……」

普通は市長の世話を大工に頼みませんが、神様のご支配のうちに良い結果となりました。
「人は心におのれの途《みち》を考えはかる。されどその歩履《あゆみ》を導くものはヱホバなり。」（箴言一六・九）

大工の青年・石黒は、集会には遅れずに来て、助けが必要な人を見てその側に座り、助けます。ベティが聖書解説中に、聖句が思い出せなくて、「『渇く者…生命の水…』という御言葉の場所をおぼえていませんか」と聞けば、「それはヨハネ伝四章でしょう」と私が答え、「これではないようです」と言えば、「黙示録二二・一七、『渇く者はきたれ、望む者は価《あたい》なくして、生命《いのち》の水を受けよ』でしょうか」とすぐさま答えるのです。

ある人が公然と、「石黒さんは特別な参考書を持っているのではないか」と聞きましたが、「私には参考書はありません。聖書一冊がすべてです。よく似た聖句は集めておぼえます」と答えました。ベティにとって石黒青年は、思いがけない拾い物でした。

聖書学校・神学校

その頃、筆者はベティとこのような話をしました。

石黒「先生、私は聖書をもっと学びたいので、聖書学校か神学校を紹介していただけませんか」

ベティ「今、紹介できる聖書学校も神学校もありません……。間違った教理を学べば、これを直すのに大変な時間がかかります。」

石黒「戦前、美濃ミッションも聖書学校を持っていたそうですが、再開できませんか」

ベティ「今はできません。けれども良いことがあります。私が卒業した聖書学校の教科書を日本語に訳して印刷した本を見せてあげます。この本はあげられません。必ず返してください。しかし、この本によって、自分で聖書を学ぶことができます。」

こうして借りたのが『スコフィールド聖書研究　第二巻』でした。今の時代はコピー機で簡単に早く複写できますが、その時代はペン先をインク壺に入れて一字ずつ書き写したのです。時間がかかりましたが、第二巻を先生に返す頃には、暗唱できるほどになりました。

美濃ミッションの伝道者に

提供された教科書を写し終わって、石黒が次の資料を求めたとき、ベティはこう言いました。

ベティ「あなたは神様のみことばを伝える使命を受けているなら、美濃ミッションで伝道者として受け入れてあげましょう。」
石黒「私は神様から、『全世界を巡りて、凡ての造られしものに福音を宣伝《のべつた》えよ』との命令を受けており、すでに実行しています。」

ベティの招きを聞いて、それまで受けていた仕事を片づけた私は、一九五一年三月十一日、美濃ミッション宣教師・牧師・伝道者の会で、伝道者として受け入れられました。

四日市農機具博覧会

ちょうどその春、四日市の中心部で農機具博覧会が開かれました。万博ほど人は集まらないが、近県の人々は集まるだろうということで、美濃ミッションもテント一張り分の出店を構え、折りたたみのテーブルやいすを用意して、毎日そこに出かけました。

伝道者となった筆者・石黒次夫（後列左から２人目）

文書を配布しながら路上伝道するベティと筆者

配布する印刷物は、ポケット聖書連盟提供の『ヨハネ伝福音書』、またパンフレットとしては、『生命の道』その他を準備しました。この『生命の道』は、個人伝道をする時にとても役立ちました。また『ヨハネ伝福音書』は、生まれて初めて聖書を手にする人々に、救い主＝主イエス・キリスト様を紹介する絶好の読み物でした。これに添付してあった決心書が、続々と送られてきました。

地方博なのに、近県から小学児童・中学生徒などが遠足で来場してにぎわっていました。その跡地が、国鉄四日市駅と近鉄四日市駅間の七十メートル道路として利用されています。

学校での黙禱指令

一九五一年五月十七日、貞明皇后が亡くなり、戦後初の皇室葬儀に何か問題が起きないかと見張っていました。約一カ月後の六月二十二日、午前十時二十分、葬儀に合わせて皇居に向かって拝礼、続いて「貞明皇后の霊に黙禱」という命令が発せられ、クリスチャン以外はこれに従いました。実施した学校は多数でしたが、教会所属の信者関係では、三重県立四日市高等学校が実施しました。この学校のクリスチャン学生からその報告を聞くやいなや、ベティは文部大臣に抗議、英字新聞に投書して八方手をつくしました。翌日から賛否両論の投書が殺到、三カ月にわたったので、編集長の権限で打ち切られました。

憲法改定が声高に響く今日、誰がなんと言おうが、クリスチャンの責任は、「汝《なんじ》、我面《わがかお》の前に、我《われ》の他《ほか》何者をも神とすべからず」との神様のみことばに従うことです。

宗教法人

一九五二年は、前年制定された宗教法人法による宗教法人へ移行するために、必要な書類の作成に追われました。この期間にベティはアメリカへ出かけ、教会をまわって宣教報告と祈りの要請をしていました。普通ならば一年ですが、七カ月で日本に帰ってきました。やはり手続き中の新宗教法人の認証が気がかりだったようです（これがベティにとって最後のアメリカ旅行でした）。その新宗教法人認証は、一九五三年八月五日、美濃ミッションへもたらされました。

一九三〇年九月二十三日、岐阜県庁経由で文部省へ提出した「美濃ミッション設立願書」が三年間放置された上、一九三三年八月九日、美濃ミッション排撃の嵐の最中、「許可シ難《ガタ》シ」と返却されたのです。この歴史を知る者は、「信教の自由の保証」「政教分離」を定めている現憲法を大切にし、憲法改悪に絶対反対します。

埋葬墓地

美濃ミッションは大垣市に墓地を持っていましたが、僅か二・四三平方メートルで、すでに満杯でした。そこでベティ得意の、市長さんへ直談判に行くことになり、私も同行しました。市長は部下の一人を呼んで指示を与えました。これはかなり難しいとわかり、一生懸命に祈りました。祈りの答えとして、二、〇九九平方メートルの土地が与えられました。前地主は米作を試しても笹がひどく、農地には不適当との報告で、農地転用に助けとなりました。一

美濃ミッションの墓地（1960 年当時）

九五五年のうちに埋葬の許可を得、翌五六年から使用できるようになりました。

伊勢湾台風

一九五九年九月二十六日、伊勢湾台風が中部地方を襲いました。紀伊半島に上陸した時、九二九・五ミリバール、中心付近の最大風速は五〇メートル、伊勢湾北部では四メートルを超える高潮を伴い、死者五千人を超える大惨事でした。

美濃ミッション本部と富田浜聖書教会は、床上浸水の大被害を受けました。

当時、私は追分に住んでいて、強烈な台風の中で二棟の建物を守るのに必死でした。明け方にようやく静まりかけたので、一寝入りしました。翌日は快晴でしたが交通機関は不通、自転車で富田浜へ向かいました。

その道路のすざましいこと。電柱が傾いたり、倒れたり、電線があちらこちらにぶら下がったりしていました。また路面にはガラスの破片や木の枝、トタンなどが散乱していました。二時間かかって富田浜南部まで来ましたが、そこから駅前まで水が溜まっています。海岸の堤防道をと考え、そこへまわると、階段状の護岸コンクリートが砕かれて散乱していました。

自転車を肩にかついで、デコボコ道を歩いてようやく教会の前に立ちました。そこにも池ができています。先生を呼んでみました。「先生！　いかがですか？」二階の窓からベティの明るい声が返ってきました。「感謝です！　みんな無事です。」食べ物・飲み物を届け、ようすを見てまわりました。浸水は地上一・八メートル、私が着いた時には半分まで水が引いていました。

教会内は木製のベンチやオルガンがプカプカ浮いていて、ごちゃごちゃに積み重なっていました。床にはヘドロが積もっています。排水が先決だとわかり、水が出るようにして追分に帰りました。

泥まみれの本

三日目には水道も出るようになり、泥水に浸かった書物を使える物と捨てる物に選別しました。使える物は水洗いして消毒液に浸け、後に日光消毒と念入りにしました。ベティも立ち会って作業しました。辞典の類は活用し、しかし涙を飲んで多くの讃美歌や書物を、庭に穴を掘って埋めました。

その中で手に取った一冊は、『美濃ミッションに於ける神社参拝問題の真相』と題する本でした。ちらっと先生の顔を見たところ、棄てる方に向いています。「先生、この本を私にください。」

「汚いです。棄てなさい。」

「他の辞典も同じく汚いが消毒して使うでしょう？　この本、どうしても読みたい……」、こう言って、とうとうその本を手に入れました。

私はその夜、一気に読み切りました。私の生涯を変えたのは聖書、私を美濃ミッションに結びつけたのはこの本です。

この本は私に向かって「絶対に美濃ミッションから離れてはならない。また、消滅させてはならない」と迫りました。今もそうです。

この本は一九九二年発行の『神社参拝拒否事件記録復刻版』の後半に収録してあります。

ラジオ伝道

一九五八年夏、軽井沢にいたベティから石黒

次夫の心を捕らえた泥まみれの歴史証言。
この中に『美濃ミッションに於ける神社参拝問題の真相』が書かれてあった。

ラジオ伝道スタッフ

に電話がかかってきました。

「すぐラジオ放送を始めたいから、ラジオ局を訪ねて十五分の放送でいくらか聞いて、すぐに電話で知らせなさい。」「先生は放送のことを何も知らないで……」困ったことになると思いながら、訪ねてまわった私は、「近畿東海放送（現在の東海ラジオ）で木曜日、昼十二時十五分から三十分までの十五分ならばすぐに取れる」と報告しました。

ベティの返事は「すぐに取りなさい。タイトル、テーマソング、話の主題、聴衆への呼びかけ、一切責任を持ってしなさい」でした。

とにかく放送に間に合わせなければなりません。タイトルは「生命《いのち》の書《ふみ》」、テーマソングは、「聖書はたえなる生命の書」。聴衆へは、「聖書の一部分『ヨハネ伝福音書』を希望者に贈呈します」と呼びかけました。

それから二年間はラジオ伝道に振り回されました。クリスマスには三十分の特別番組も放送しましたが、その後、「宗教番組は早朝か深夜にまとめたい」との局側の話で、ラジオ伝道も中断しました。

今振り返れば、その時の原稿をまとめた『聖書は何というや！』という本が後に残りました。

牧師の按手礼

美濃ミッションの創立者ワイドナー先生は、聖書は神のみことばであると信じ、聖書の文字どおりに従うという人でした。だから女性牧師は認めず、ご自分も洗礼式・聖餐式のために、他教会の牧師を招いてしていただくという方法で、不便を忍びました。このために聖書学校を設立し、牧師を育てたわけです。それが戦後、教師不足のため開校できなかったので、ベティは責任を感じて、何か良い方法を探していました。

韓国伝道に生涯を捧げておられたマーズベリー先生（長老派）と、もう一人オーストラリア出身のキャロル先生（バプテスト系）も、私の按手礼について快く承諾してくださいました。この二人の臨席で、一九六〇年十二月十二日、按手礼（牧師認証式）を受けた石黒次夫は、美濃ミッション富田浜聖書教会の正式牧師に就任しました。

奄美伝道

救いを受けた人は誰でも、自分の親族に福音を伝えたいものです。四日市在住の松下武二さんは、奄美群島の徳之島出身でした。彼は故郷の人々に福音を伝えるために、当時の最新型のテープレコーダー（約十キログラム）と録音テープを持って、故郷へ旅立ちました。しかし離島の電気事情は悲惨で、電圧低下のため回転が悪くて声が出ないのです。

せっかく重いテープレコーダーを持ち込んだのに、電源がこれでは福音が伝えられません。呆然として腕組みをして海を眺めていると、突然棚の上から声が出てきました。夕方六時の時報に続いて、ニュースと農協からのお知らせがありました。

「アレは何だね？」と聞くと、

「有線放送です。ここはラジオの電波もとらえにくいので、朝晩のニュースと、役場・農協からの案内もこれで知らせます。」

「誰がやっているんかね？」

「徳山さんです。」

「ちょっと行って来る。」

松下さんは早速出かけていって交渉し、持っていったテープをかけてもらったところ、十人ほどの若者が徳山さん宅へ走ってきて、

愛車シボレーは戦後伝道に大いに用いられた

「誰が歌っているの?」

「誰が話しているの?」と聞きました。

それで松下さんは、これは神様の導きと信じて、即座に毎週一回十五分のテープを、一年間放送してもらう契約をしました。その一年契約が終わる頃、続いて放送できるように、また声だけではなく顔も出すことが必要ということになりました。

一九六四年一月、第一次奄美諸島巡回伝道を始めることになり、この時にはベティが行きたかったのですが、事情が許さず、結局のところ私と永田両牧師を派遣することに決まりました。

その後、毎年春秋二回、二、三人を派遣して、奄美の八つの島々の全家庭に『ヨハネ伝福音書』か『ルカ

伝福音書』にパンフレットを添えて配布しました。興味を示した人々や、配布物について質問を寄せてこられた人々を、次の組が訪問して導くという方法で続けました（私たちは二〇〇二年四月、第四十七次巡回伝道をしましたが、その後は休止して今後の伝道のために祈っています）。

祈りと断食

信仰には試練がつきものです。「芥子種《からしだね》一粒ほどの信仰あらば、この山に『此処《ここ》より彼処《かしこ》に移れ』と言うとも移らん」（マタイ一七・二〇）。その続きに「この類《たぐい》は祈りと断食とに由《よ》らざれば……」とあります。時には断食して祈ることも必要です。筆者の体験とベティの指導を紹介します。

私の二男は、奥歯を噛みしめても入口の歯が二センチも開いたままの〝開口〟になっていて、四人の医者にかかっても、日本では治療の方法がないと言われていました。それを聞いてベティは、「私はアメリカの祈りの友に手紙を出しましょう。しかし、私たちは断食して祈るべきです。子どもたちは夏休みで家に居るでしょう。親子六人で祈りなさい。私はこちらで祈ります」と言いました。

こうして一九七八年八月二十八日から三十日まで三日間、末っ子の小学六年生までも一緒に祈りました。

渡米！　手術！

断食祈禱の結果、第一の来信は、若い時に私の按手礼のために来てくださった、アメリカ在住のキャロル先生からでした。「全米で五人の中に数えられる医者で『そのような珍しいケースは無料で診てあげよう』と言う人があるので、直ちにレントゲンと歯型を送るように。」

早速レントゲン写真と歯型を速達便で送ると、「手術可能だから、次の飛行機に乗って来なさい」との電話がありました。まだ、パスポートもヴィザも用意がありません。

渡米となると、宗教法人の書類などの準備も必要なので、年を越えて二月二十日出発と決まりました。ここでも祈りの答えで、旅費・滞在費のすべてが与えられました。三月八日、六時間十五分かけて下顎の骨を切って角度を変える手術を受け、上下の歯の嚙み合わせはすっかり良くなりました。あとは顎の骨がよく着くのを待つだけでした。

家族のような

せっかくアメリカまで来ているのだから、ベティの妹のメアリにぜひ会いたいと願っていました。電話で尋ねると、「主人は退職して家に居るから、いつでも来てください。飛行場に迎えに行きますから、電話で知らせてください」とのことでした。

写真では見たことがありますが、会うのはお互いに初めてです。しかし、二人は私を見て手を挙げて合図をしました。ダウディング氏は運転席、メアリは後部座席から助手席の私に話しかけます。

ベティの妹メアリ・ダウンディング夫妻と

「私は毎月一回ベティに電話をかけます。その時に必ず『ベティ、あなたは年になったからもう仕事は無理だよ。辞めてアメリカへ帰ったら……』と言うと、『私は終わりまで日本に居て、ここから天へ行く』と答えるので、どうしてかと心配していました。しかし今、わかりました。ツギオ！　あなたはベティの家族です。ベティはあなたたちの家族です。私はもう心配しません。」

翌日は、焼けて再建した家、夏に泳いだ海岸など、ベティに関係のあるところを案内してもらいました。

仕事を終えて

一九八二年、八十歳になった頃からベティは弱ってきました。「電気がまばゆい」、「字が読みにくい」と言ったのは白内障のためでした。階段がよく見えずに転倒したこと二回、食事、用便にも時間がかかるようになりました。以前は毎年夏になると、避暑に軽井沢へ行きましたが、その長距離の旅にも耐えられなくなりました。

晩年のベティ

一九九〇年の夏、寝室のある二階にのぼることができなくなりました。ベッドを一階に下ろして休めるように説得しました。昼は暑いから夕方ベッドを下ろしますからと言っていたのに、またも二階へのぼろうと無理をしたのです。いつも身の回りの世話をしていた職員の北原さんに後ろを支えてもらい、両手で手すりに捕まり、少しずつのぼって上から二段目まで行ったところで、とうとう力尽きてしまいました。上がることも下りることもできず、支えていた北原さんは限界を感じて叫びました。「石黒先生！　助けて！」

その声を聞いて、場所も状況も察した私は、走って行って何とか二人が階下まで落下する寸前で間に合い、助けて一階まで下ろすことができました。そして「先生、二階の片づけは天のお父さまに任せましょう」とベティをなだめました。

その三日後、一九九〇年八月十日、午後七時十五分、ベティは愛する救い主の許に召されました。葬式には百名を超える人々が駆けつけ、埋葬の墓地には人が溢れました。

生涯を通じてのベティの愛唱讃美歌は、「リビング・フォー・ジーザス」（邦訳「主のために我は生く」）で、よく口ずさんでいました。そして常に座右の銘としていた聖句は、「……我にとりて、生くるはキリストなり。死ぬるもまた益なり」（ピリピ書一・二一）でした。

エピローグ

美濃ミッションの百年にわたる活動の関係者は、膨大な人数に上ります。本書ではそのごく一部しか紹介できませんが、もう少しだけ補足をさせていただきます。

創立者のワイドナー先生は、自らが牧師とならずに、教会の儀式・典礼は牧師に任せる立場をとり、大垣教会の初代牧師として山白令一先生を招聘しました。

戦前の写真を見て語り合う山白牧師と次夫

山白先生は一九〇二年二月広島で誕生し、大阪でキリスト教会に通いバプテスマを受けてから、ソントン先生の自由聖書塾で学び卒業しました。そして、夏期休暇の時に度々訪れていた、美濃ミッションのワイドナー先生から要請を受けて、大垣教会の初代牧師として赴任しました。

宣教報告のためにワイドナー先生が帰米した約二年間、彼はギレスピー先生とペイズリー先生とともに、美濃ミッションの責任を担いました。大垣周辺には紡績工場が多く、休日には女工たちが町に溢れていました。彼女たちを教会に誘い、その中から信仰を持つ人たちが次々と起こされて、工場内でも聖書研究会の機会が与えられたので、夫婦で関ヶ原に移住し、路傍伝道や社宅内でも伝道をしました。大垣でも路上集会や家庭集会などを増やしたので、集会に参加者も増え、信者の数も増えていきました。ワイドナー先生の帰国後、多くの牧師・伝道師たちが美濃ミッションに加わりました。山白先生は祈った結果、大垣を去るべき時が来たと判断し、辞職して大阪に移りました。

ワイドナー先生はまた、一九二七年に聖書学校を開設しました。その校長を務めたのが山中爲三先生です。フィウェル先生は戦後も、山中先生ほど英語が堪能で、聖書知識を持った日本人教師は珍しいと絶賛していました。山中先生は一九〇五

山白夫妻とギレスピー、ペイズリー宣教師

年八月、京都の神主の長男として誕生し、幼少から儒教をはじめ、神道や仏教を教えられて育ちました。小学生の時に精神的圧迫感に悩まされて苦しみ、その後、父の友人の紹介でキリスト教主義の同志社中学校に入学しました。彼は早速「宗教クラブ」に入り、宗教について学び、聖書を熱心に読み始め、主イエス様を信じ受け入れた時、死の恐れから解放され平安に満たされて、人生は一変しました。しかしそれが家庭内の大問題になり勘当され、相続権まで剝奪されてしまいました。

聖書学校で講義をする山中爲三校長

　一九二二年、ブレズレンの指導者の東ヶ崎菊松氏が来日して親交を深め、その娘知恵子さんと結婚しました。彼は同志社神学校や東京聖書学院で学び、日本聖書学校の講師をした後、ワイドナー先生の要請で美濃ミッション聖書学校の校長に就任しました。

　一九三〇年代に〝神社参拝拒否事件〟のため、地域から執拗な弾圧・迫害を受けた時、山中先生も路上集会中に「非国民！」と罵声を浴びせられ、投石で妨害されたり、暴徒たちに捕まれて危いところ、不思議な神様の御手で守られたこともありました。またワイドナー先生が文部省や県庁に出かける時は、常に同行して信仰の立場の証言をしました。また大垣警察署では犯罪者のような扱いの取り調べを受けましたが、伝道をやめず、精力的に聖書研究書などの翻訳や、執筆に取り組みました。

ミス・ハッチについては、どのようにしてワイドナー先生と出会ったか、また帰国後の動向や家族構成など、記録も手紙もなく不明のままです。美濃ミッションの働きを支えた特筆すべき陰の功労者の一人です。特に宣教師たちを、霊的にも経済的にも忠実に支えた貴重な人物です。天において神様から豊かな報いを受けておられることでしょう。

一九三七年一月、日系ハワイ人宣教師のミス・ジュリア・本山春江が美濃ミッションに加わり、その年の九月には、ミス・エスター・バーワとミス・アーン・パッフが来日して加わりました。一九三九年二月、彼女たちは美濃ミッションを辞して帰米、一九四六年にアメリカのフィラデルフィアにおいて、ジャパン・ゴスペル・フェロシップを結成し、翌四七年に来日して日本人教役者を加えて関西地区で福音交友会を設立しています。

美濃ミッションの戦後の宣教師は、ミス・ジェーン・スミスのみで、一九四七年七月に先輩のミラー先生とともに来日しました。

スミス先生は持ち前の音楽と語学の才能を発揮し、短期間で日本に慣れ、活躍していました。やがて一番下の弟ハリーも宣教師として関東で活動していましたので、彼らを時々訪問したり、アメリカにも何度か行き来しながら、招かれるところで神様を賛美し、主イエス様の愛と恵みを語っていました。

伝道の熱情は戦後も受け継がれた

スミス先生は先輩の宣教師たちのために、手紙の手伝いなどの秘書役を務めながら、日曜学校で子どもたちに聖書を教えたり、学生たちに英語を教えていました。やがて若い人たちに日曜学校の方を任せて、家庭集会や婦人会で聖書を教えるようになりました。婦人会では学びの後に、ともに食事をしたりしてとても良い交わりを持つことができました。

美貌と美しい声と料理上手で、多くの人たちに慕われたスミス先生は、病気療養のために一九八三年に引退してアメリカに帰り、八五年八月天に召されました。

本文の二章と三章は、美濃ミッションの伝道新聞『聖書の光』第75号（二〇〇〇年三月）から第105号（二〇〇七年九月）に三十一回連載していました『ベティの蹤跡《あしあと》』に少し加筆してまとめたものです。

私の父であり、美濃ミッションの前主管者、美濃ミッション富田浜聖書教会牧師、美濃ミッション追分聖書教会牧師でありました石黒次夫は、二〇一四年四月二日未明、八十三年八カ月の生涯を終え、長いパーキンソン病との闘病生活と、身体の不自由さ、苦痛から解放されて、愛する救い主、主イエス・キリスト様の御許である、天の御国に召されました。葬式は、父が五十余年にわたって牧会奉仕をした美濃ミッション富田浜聖書教会にて、四月四日午後一時三十分より行われました。多くの方々の列席を賜り、主の恵みをともに感謝・賛美するひとときとなりましたことを、心より感謝しています。

父は十五歳の時、終戦と地震と台風の被災を経験し、家族とともに生まれ育った大阪を離れて、祖父の在所である三重県鈴鹿市に移住しました。進学を断念して祖父・伯父とともに大工になりましたが、まもなく祖父を亡くし、伯父と二人で家族を支えました。一九四八年、建物の修理のために呼ばれた美濃ミッションのフィウェル先生から新約聖書をいただき、福音を聞きました。それから新約聖書を読み始め、半年後に主イエス・キリスト様を信じて救いを経験しました。

やがて、このイエス様の救いの道を人々に語り伝えることが天命であると示されて献身し、伝道師となりました。一九六〇年に按手令を受けて、美濃ミッション富田浜聖書教会の牧師に

教会員らとハレルヤバンドを結成し路傍伝道にも出かけた

就任しました。一九九〇年、フィウェル先生の召天により、第三代目の主管者に就任して約十六年間、包括教団・美濃ミッションの代表を務めました。

父は手先が器用で、教会のいろいろな建物や機械を作ったり、修理したり、四日市郊外に用地を確保できた時には、自分が先頭に立って工事を指揮して埋葬墓地を整備しました。

また強度の近視で苦労をしましたが、コンタクトレンズが与えられて、元来の好奇心を用いて、独学で英語を覚え、ギリシャ語やヘブル語も学び聖

書研究をしました。さらに楽器を覚えて演奏し、教会員たちとともに〝ハレルヤバンド〟を結成して、路傍伝道によく出かけて、讃美歌を演奏しながら行進などもしました。

奄美諸島の伝道には特に意欲的で、三十数年間に約四十回通い、離島の隅々まで巡回して、全家庭に聖書の抜粋を配布しました。

小柄な身体を酷使していましたが、神様から健康を与えられて、六十五歳までに二百五十回も献血をして表彰してもらいました。健康自慢の父も七十歳を超えて、墓地の作業中に足のけがをしてから、身体的な衰えを感じるようになり、やがてパーキンソン病を発症しました。だんだん弱る身体を持ちながらも、聖書を教えることが神様から与えられた使命であるからと、八十歳まで毎週の説教を休みませんでした。

二〇一一年七月、嚥下《えんげ》障害から脱水状態になり、入退院をくり返し、約二年九カ月寝たきりのような状態になりましたが、ベッド上でいつも祈りと賛美をしていました。最後の数週間は、呼吸困難でたいへんな苦しみを通りましたが、「われ……走るべき道程《みちのり》を果《はた》し、信仰を守れり」（テモテ後書四・七―八）のみことばのように、天寿を全うすることができました。

父は、神様のお恵みにより、多くの方々とともにいろいろな奉仕させていただきましたが、また同時に多くの方々に愛され、支えられてまいりました。

このたび、いのちのことば社のご好意により、このような形で宣教師物語を出版することができて感謝しています。既に多くの先輩方が世を去っていて、資料の収集や情報の確認はかなり困難になってきました。完全な歴史の記録、資料の紹介とはほど遠いものですが、宣教師たちの歩みと生涯を通して、歴史の支配者であり、今も生きて働いておられる神様の御業の一部を見ていただき、ともに神様に賛美と感謝を捧げたいと思います。今までご指導、ご支援いただきました関係各位に心から謝意を申し上げて結びの言葉といたします。

皆様の上に主イエス様より、豊かなる祝福が注がれますようお祈りいたします。

二〇一八年九月

美濃ミッション代表　石黒イサク

幼少のイサクとフィウェル

参考文献

『天にみ栄え　宮城学院の百年』学校法人宮城学院
『変わっていくこの国で』石浜みかる著　日本キリスト教団出版局
『神社参拝拒否事件記録・復刻版』美濃ミッション
『何を予期すべきか』美濃ミッション
『山白令一牧師を偲んで』広島キリスト教会

1983年の特別集会参加者

三重県鈴鹿市鼓ヶ浦海岸にて天幕集会（1968年）

石黒次夫（1930～2014）

大阪市出身、18歳の時に回心、1951年に伝道師として美濃ミッションに入る。1960年、按手礼を受けて富田浜聖書教会の牧師に就任、1990年～2006年、第3代美濃ミッション主管者を務める。多くの伝道文書・トラクト執筆、編著書『神社参拝拒否事件記録復刻版』、『何を予期すべきか』など。

石黒イサク（1959～）

三重県四日市市出身、9歳で受洗、21歳でベティの運転手として美濃ミッションに入る。米国EIG聖書学院卒業、1993年按手礼を受けて牧師に就任。2006年より大垣聖書教会牧師、第4代美濃ミッション代表に就任。著書『ローズのバイブル』いのちのことば社、『どこまで見抜けるか迫害の文脈化』、他にブックレット共著など。

美濃ミッション URL: http://www.cty-net.ne.jp/~mmi/

嵐の日本へ来たアメリカ女性

宣教師ベティ・フィウェルの軌跡

2018年10月20日　発行

著　者　　石黒次夫・石黒イサク

印刷製本　モリモト印刷株式会社

発　行　　いのちのことば社

〒164-0001 東京都中野区中野2-1-5
電話 03-5341-6922（編集）
03-5341-6920（営業）
FAX03-5341-6921
e-mail:support@wlpm.or.jp
http://www.wlpm.or.jp/

ISBN 978-4-264-03962-4
聖書は文語訳（現代仮名遣い）